Roberto Tartaglione

# Grammatica italiana

ALMA Edizioni

© 1997 ALMA Edizioni – Firenze
Tutti i diritti riservati

Progetto grafico: Carla Cau
Copertina: Sergio Segoloni
Stampa: Rotomail Italia S.p.A.

Printed in Italy
ISBN 978-88-6182-794-3

ALMA Edizioni
viale dei Cadorna, 44
50129 Firenze
alma@almaedizioni.it
www.almaedizioni.it

# IL SOSTANTIVO

|  | maschile | femminile |
|---|---|---|
| singolare | O | A |
| plurale | I | E |

☞ *Il 75% dei sostantivi in italiano finisce con -O (plurale -I) o con -A (plurale -E)*

| bambino | bambini | borsa | borse |
| anno | anni | idea | idee |
| fratello | fratelli | ora | ore |
| giorno | giorni | parola | parole |
| libro | libri | persona | persone |
| stato | stati | sedia | sedie |

☞ *I sostantivi in -O sono maschili; i sostantivi in -A sono femminili*

| singolare | E |
|---|---|
| plurale | I |

☞ *Il 25% dei sostantivi in italiano finisce con -E (plurale -I)*

| mese | mesi | arte | arti |
| ristorante | ristoranti | notte | notti |
| studente | studenti | stazione | stazioni |

☞ *I sostantivi in -E possono essere maschili o femminili*

| autobus | autobus | hotel | hotel |
| film | film | spot | spot |

☞ *I nomi stranieri normalmente sono maschili e invariabili*

| caffè | caffè | menù | menù |
| città | città | venerdì | venerdì |

☞ *I nomi con accento sono sempre invariabili*

| giornala**io** | giornal**ai** | vecch**io** | vecch**i** |
| negoz**io** | negoz**i** | viagg**io** | viagg**i** |

☞ *I sostantivi maschili che finiscono con -io, normalmente, al plurale finiscono con una sola -i*

ALMA Edizioni | Grammatica della lingua italiana

# L'AGGETTIVO

## I Gruppo (4 terminazioni)

*Gli aggettivi del primo gruppo finiscono con -O, -A, -I, -E*

|  | maschile | femminile |
|---|---|---|
| singolare | **O** | **A** |
| plurale | **I** | **E** |

| | | | |
|---|---|---|---|
| fam**oso** | fam**osa** | fam**osi** | fam**ose** |
| italian**o** | italian**a** | italian**i** | italian**e** |
| piccol**o** | piccol**a** | piccol**i** | piccol**e** |
| ross**o** | ross**a** | ross**i** | ross**e** |
| tutt**o** | tutt**a** | tutt**i** | tutt**e** |

## II Gruppo (2 terminazioni)

*Gli aggettivi del secondo gruppo finiscono con -E, -I*

|  |  |
|---|---|
| singolare | **E** |
| plurale | **I** |

| | |
|---|---|
| fort**e** | fort**i** |
| giappones**e** | giappones**i** |
| grand**e** | grand**i** |
| important**e** | important**i** |
| verd**e** | verd**i** |

*In italiano ci sono aggettivi invariabili*

| | |
|---|---|
| arrosto | pari |
| blu | rosa |
| dispari | viola |

*Per esempio*

| | | | | |
|---|---|---|---|---|
| Un vestito | ROSSO, | VERDE | e | VIOLA |
| Due vestiti | ROSSI, | VERDI | e | VIOLA |
| Una cravatta | ROSSA, | VERDE | e | VIOLA |
| Due cravatte | ROSSE, | VERDI | e | VIOLA |
| Un maglione | ROSSO, | VERDE | e | VIOLA |
| Due maglioni | ROSSI, | VERDI | e | VIOLA |

# L'ARTICOLO DETERMINATIVO

|           | singolare | plurale |
|-----------|-----------|---------|
| maschile  | **IL**    | **I**   |
| maschile  | **LO**    | **GLI** |
| maschile  | **L'**    | **GLI** |
| femminile | **LA-L'** | **LE**  |

**lo** stato    **gli** stati    **l'**anno    **gli** anni
**la** città    **le** città    **l'**idea    **le** idee
**il** film    **i** film    **lo** zio    **gli** zii
**l'**uomo    **gli** uomini    **la** casa    **le** case

*IL / I si usa con moltissimi nomi maschili.*
*LO / GLI si usa con i nomi maschili che cominciano con s+consonante o con z*
*L'/ GLI si usa con i nomi maschili che cominciano con vocale.*
*LA / LE si usa con i nomi femminili; se il nome comincia con vocale l'articolo LA può diventare L'*

# L'ARTICOLO INDETERMINATIVO

|           | singolare  | plurale       |
|-----------|------------|---------------|
| maschile  | **UN**     | **DEI-DEGLI** |
| maschile  | **UNO**    | **DEGLI**     |
| femminile | **UNA-UN'**| **DELLE**     |

**un** libro    **dei** libri    **uno** stato    **degli** stati
**un** anno    **degli** anni    **una** città    **delle** città
**un'**idea    **delle** idee    **un** film    **dei** film
**uno** zio    **degli** zii    **un** uomo    **degli** uomini
**una** casa    **delle** case    **un'**arte    **delle** arti

*UN si usa con moltissimi nomi maschili (anche se cominciano con vocale).*
*UNO si usa con nomi maschili che cominciano con s+consonante o con z*
*UNA si usa con i nomi femminili (diventa UN' con i nomi che cominciano per vocale).*
*Il plurale dell'articolo indeterminativo è la preposizione DI (vedi pag. 9)*

## IL PRESENTE DI ESSERE ED AVERE

*I verbi ausiliari in italiano sono ESSERE e AVERE*

**ESSERE**
- io sono
- tu sei
- lui/lei/Lei è
- noi siamo
- voi siete
- loro sono

**AVERE**
- io ho
- tu hai
- lui/lei/Lei ha
- noi abbiamo
- voi avete
- loro hanno

## I NUMERI

| | | |
|---|---|---|
| 1 uno | 21 ventuno | 1.000 mille |
| 2 due | 22 ventidue | 2.000 duemila |
| 3 tre | 23 ventitré | 3.000 tremila |
| 4 quattro | 24 ventiquattro | 4.006 quattromilasei |
| 5 cinque | 25 venticinque | 5.015 cinquemilaquindici |
| 6 sei | 26 ventisei | 6.120 seimilacentoventi |
| 7 sette | 27 ventisette | 7.302 settemilatrecentodue |
| 8 otto | 28 ventotto | 8.830 ottomilaottocentotrenta |
| 9 nove | 29 ventinove | 9.290 novemiladuecentonovanta |
| 10 dieci | | |
| 11 undici | 30 trenta | 10.000 diecimila |
| 12 dodici | 40 quaranta | 10.500 diecimilacinquecento |
| 13 tredici | 50 cinquanta | 20.000 ventimila |
| 14 quattordici | 60 sessanta | 60.001 sessantamilauno |
| 15 quindici | 70 settanta | 71.300 settantunmilatrecento |
| 16 sedici | 80 ottanta | |
| 17 diciassette | 90 novanta | 100.000 centomila |
| 18 diciotto | 100 cento | 750.000 settecentocinquantamila |
| 19 diciannove | | |
| 20 venti | 110 centodieci | 1.000.000 un milione (di*) |

*Dopo "un milione" si usa la preposizione "di". Es: Un milione **di** persone

# IL PRESENTE INDICATIVO

| 1° GRUPPO (-are) | 2° GRUPPO (-ere) | 3° GRUPPO (-ire) |
|---|---|---|
| arrivare | chiedere | dormire |
| cercare | chiudere | partire |
| entrare | credere | seguire |
| guardare | mettere | sentire |
| lavorare | prendere | |
| parlare | rispondere | |
| pensare | scrivere | |
| portare | vedere | |
| ricordare | | |
| trovare | | |

☞ *L'infinito dei verbi finisce con -ARE, -ERE, -IRE*

| | | |
|---|---|---|
| -O | -O | -O |
| -I | -I | -I |
| -A | -E | -E |
| -IAMO | -IAMO | -IAMO |
| -ATE | -ETE | -ITE |
| -ANO | -ONO | -ONO |

☞ *Terminazioni del presente (al posto di -are, -ere, -ire)*

| INFINITO: | PARL-ARE | VED-ERE | SENT-IRE |
|---|---|---|---|
| io | parl-**o** | ved-**o** | sent-**o** |
| tu | parl-**i** | ved-**i** | sent-**i** |
| lui/lei/Lei | parl-**a** | ved-**e** | sent-**e** |
| noi | parl-**iamo** | ved-**iamo** | sent-**iamo** |
| voi | parl-**ate** | ved-**ete** | sent-**ite** |
| loro | parl-**ano** | ved-**ono** | sent-**ono** |

# IL PRESENTE IRREGOLARE
## verbi "modali"

| VOLERE | SAPERE | POTERE | DOVERE |
|---|---|---|---|
| voglio | so | posso | devo |
| vuoi | sai | puoi | devi |
| vuole | sa | può | deve |
| vogliamo | sappiamo | possiamo | dobbiamo |
| volete | sapete | potete | dovete |
| vogliono | sanno | possono | devono |

## verbi "irregolari"

| FARE | STARE | ANDARE | DIRE |
|---|---|---|---|
| faccio | sto | vado | dico |
| fai | stai | vai | dici |
| fa | sta | va | dice |
| facciamo | stiamo | andiamo | diciamo |
| fate | state | andate | dite |
| fanno | stanno | vanno | dicono |

| DARE | VENIRE | SALIRE | USCIRE |
|---|---|---|---|
| do | vengo | salgo | esco |
| dai | vieni | sali | esci |
| dà | viene | sale | esce |
| diamo | veniamo | saliamo | usciamo |
| date | venite | salite | uscite |
| danno | vengono | salgono | escono |

| BERE | MORIRE | RIMANERE | CONOSCERE |
|---|---|---|---|
| bevo | muoio | rimango | conosco |
| bevi | muori | rimani | conosci |
| beve | muore | rimane | conosce |
| beviamo | moriamo | rimaniamo | conosciamo |
| bevete | morite | rimanete | conoscete |
| bevono | muoiono | rimangono | conoscono |

## verbi in -isco           due verbi riflessivi

| FINIRE | CAPIRE | VESTIRSI | RICORDARSI |
|---|---|---|---|
| finisco | capisco | mi vesto | mi ricordo |
| finisci | capisci | ti vesti | ti ricordi |
| finisce | capisce | si veste | si ricorda |
| finiamo | capiamo | ci vestiamo | ci ricordiamo |
| finite | capite | vi vestite | vi ricordate |
| finiscono | capiscono | si vestono | si ricordano |

# LE PREPOSIZIONI ARTICOLATE

|      | IL  | LO    | LA    | L'    | I   | GLI   | LE    |
|------|-----|-------|-------|-------|-----|-------|-------|
| DI   | del | dello | della | dell' | dei | degli | delle |
| A    | al  | allo  | alla  | all'  | ai  | agli  | alle  |
| DA   | dal | dallo | dalla | dall' | dai | dagli | dalle |
| IN   | nel | nello | nella | nell' | nei | negli | nelle |
| SU   | sul | sullo | sulla | sull' | sui | sugli | sulle |

# LA FORMA IMPERSONALE

3° persona singolare

3° persona plurale

Venerdì **si** mangia pesce
Oggi cosa **si** mangia?
Giovedì **si** mangiano gnocchi

*La forma impersonale si fa con il pronome SI*

*Dopo il pronome impersonale SI il verbo può essere, alla terza persona, singolare o plurale*

# IL GERUNDIO

| - ANDO | - ENDO |
|--------|--------|

| PARLARE | parl**ando** | DIRE     | dic**endo**     |
|---------|--------------|----------|-----------------|
| DARE    | d**ando**    | FARE     | fac**endo**     |
| ANDARE  | and**ando**  | PRENDERE | prend**endo**   |

Che **stai** fac**endo**?
In questo periodo **sto** lavor**ando** in un bar
**Sto** aspett**ando** l'autobus

☞ *Il gerundio finisce con -ando (verbi in -ARE), -endo (verbi in -ERE, -IRE)*

☞ *Il gerundio si usa con il verbo STARE nelle forme progressive*

# I POSSESSIVI

| MIO | MIA | MIEI | MIE |
| TUO | TUA | TUOI | TUE |
| SUO | SUA | SUOI | SUE |
| NOSTRO | NOSTRA | NOSTRI | NOSTRE |
| VOSTRO | VOSTRA | VOSTRI | VOSTRE |
| LORO | LORO | LORO | LORO |

*Con i possessivi si usa sempre l'articolo* ☞

il **mio** libro
la **tua** città
i **suoi** amici

le **nostre** amiche
i **vostri** vestiti
la **loro** idea

*L'articolo non si usa prima di MIO, TUO, SUO, NOSTRO e VOSTRO con un nome di parente singolare* ☞

**mio** padre
**tuo** fratello
**suo** marito
**nostro** nonno

**nostra** madre
**vostra** sorella
**sua** moglie
**vostro** nipote

*Si usa l'articolo se il nome di parente: 1) è preceduto da LORO; 2) è plurale (es: fratelli); 3) è alterato (es: zietto); 4) è caratterizzato (es: fratello-minore)* ☞

la **loro** madre
il **loro** padre
il **loro** zio
le **tue** sorelle
il **mio** fratellino
il **nostro** zietto
la **mia** mamma
il **tuo** fratello minore
la **tua** sorella maggiore

i **miei** nonni
i **miei** genitori
i **suoi** fratelli
i **nostri** zii
il **tuo** padrino
la **mia** sorellona
il **mio** papà
la **mia** seconda madre

# LE ALTERAZIONI

| -INO | -ETTO |
|---|---|
| -ONE | |
| -ACCIO | |

☞ *Queste terminazioni cambiano il significato dei nomi (nomi alterati)*

Vuoi un gelat**ino**?
Beviamo un bicchier**ino**?

☞ *-INO e -ETTO danno un'idea di piccolo, anche in senso figurato*

Questo è un vero film**one**
Ciao fratell**one**, come stai?

☞ *-ONE dà un'idea di grande, anche in senso figurato*

Perché leggi questi libr**acci**?
Mi chiamo Roberto, per gli amici Robert**accio**
Per tagliare la carne il macellaio usa il coltell**accio**
Non andare in quel locale, è un post**accio**

☞ *-ACCIO dà un'idea negativa o violenta, spesso in senso figurato o ironico.*

In quel negozio vendono scarpe: ci sono scarp**ine** per bambini, scarp**oni** da montagna e anche scarp**oncini** per bambini che vanno in montagna

☞ *Gli alterati, qualche volta, hanno un significato autonomo*

Non è un avvocato: è un avvocat**icchio** da due soldi
Giovanni è un ragazz**otto** di campagna
Alla tua età fai ancora la student**ella**?
Ci sono gli uomini, i mezzi uomini, gli omin**icchi** e i quaquaraquà
È un professor**ucolo**
Tom è un gatt**one** e Jerry un top**astro**

☞ *I suffissi che si usano per alterare i nomi sono numerosi*

# IL PASSATO PROSSIMO

*Il passato prossimo si forma con il presente del verbo essere o avere e il participio passato (che finisce normalmente in -ato, -uto, -ito)*

**PARLARE**

io ho parlato
tu hai parlato
lui ha parlato
noi abbiamo parlato
voi avete parlato
loro hanno parlato

**ANDARE**

io sono andata/o
tu sei andata/o
lui è andata/o
noi siamo andate/i
voi siete andate/i
loro sono andate/i

*La maggior parte dei verbi, per fare il passato, usa l'ausiliare avere*

| | |
|---|---|
| LAVORARE | **ho** lavorato |
| POTERE | **ho** potuto |
| DORMIRE | **ho** dormito |

| | |
|---|---|
| MANGIARE | **ho** mangiato |
| VOLERE | **ho** voluto |
| SENTIRE | **ho** sentito |

*Molti verbi di movimento usano l'ausiliare essere*

| | |
|---|---|
| ANDARE | **sono** andata/o |
| ENTRARE | **sono** entrata/o |
| NASCERE | **sono** nata/o |
| RIMANERE | **sono** rimasta/o |
| PARTIRE | **sono** partita/o |
| TORNARE | **sono** tornata/o |

| | |
|---|---|
| VENIRE | **sono** venuta/o |
| USCIRE | **sono** uscita/o |
| MORIRE | **sono** morta/o |
| ESSERE | **sono** stata/o |
| STARE | **sono** stata/o |

*Tutti i verbi riflessivi usano l'ausiliare essere*

| | |
|---|---|
| LAVARSI | mi **sono** lavata/o |
| RICORDARSI | mi **sono** ricordata/o |
| VESTIRSI | mi **sono** vestita/o |

*Il passato prossimo dei verbi che usano avere finisce sempre con -o*

Marco ha lavorat**o**
Anna ha lavorat**o**

Paolo e Marco hanno lavorat**o**
Anna e Giovanna hanno lavorat**o**

*Il passato prossimo dei verbi che usano essere finisce con -o, -a, -i, -e*

Marco è partit**o**
Anna è partit**a**

Paolo e Marco sono partit**i**
Anna e Giovanna sono partit**e**
Anna e Marco sono partit**i**

# IL PASSATO PROSSIMO IRREGOLARE

| | | | |
|---|---|---|---|
| APRIRE | ho **aperto** | PERDERE | ho **perso** |
| BERE | ho **bevuto** | RIDERE | ho **riso** |
| CHIEDERE | ho **chiesto** | RIMANERE | sono **rimasta/o** |
| CHIUDERE | ho **chiuso** | RISPONDERE | ho **risposto** |
| CORRERE | ho **corso** | SCEGLIERE | ho **scelto** |
| DARE | ho **dato** | SCENDERE | sono **scesa/o** |
| DECIDERE | ho **deciso** | SCOPRIRE | ho **scoperto** |
| DIRE | ho **detto** | SCRIVERE | ho **scritto** |
| DIVIDERE | ho **diviso** | SPEGNERE | ho **spento** |
| ESSERE | sono **stata/o** | SPENDERE | ho **speso** |
| FARE | ho **fatto** | TOGLIERE | ho **tolto** |
| LEGGERE | ho **letto** | UCCIDERE | ho **ucciso** |
| METTERE | ho **messo** | VEDERE | ho **visto** |
| MUOVERE | ho **mosso** | VENIRE | sono **venuta/o** |
| NASCERE | sono **nata/o** | VINCERE | ho **vinto** |
| OFFRIRE | ho **offerto** | VIVERE | ho **vissuto** |

☞ *Il participio passato finisce con -ATO (verbi in ARE), -UTO (verbi in ERE), -ITO (verbi in IRE). Moltissimi verbi, specialmente in ERE, sono irregolari*

# DETERMINAZIONE DEL TEMPO

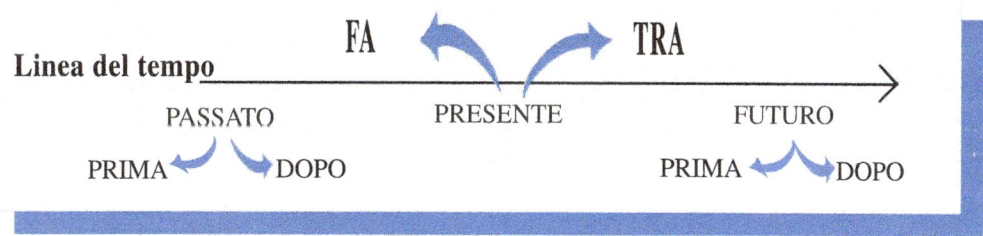

Dieci giorni **fa** sono andata a New York
**Fra** due settimane parto per le vacanze

Sono arrivata a Istanbul domenica scorsa: sono partita da Roma due giorni **prima**
Sono arrivata a Istanbul 10 giorni **fa**: il giorno **dopo** ho visitato Santa Sofia
**Fra** tre giorni torno a casa: il giorno **prima** devo comprare dei regali
**Fra** tre giorni torno a casa e il giorno **dopo** incontro tutte le mie amiche

☞ *FA e TRA (o FRA) partono dal presente di chi sta parlando*

☞ *PRIMA e DOPO partono da un momento diverso del presente di chi sta parlando*

## QUELLO E BELLO

*Quando gli aggettivi QUELLO e BELLO stanno prima di un nome, hanno le forme simili a quelle dell'articolo determinativo* ☞

| (il ragazzo) | **QUEL** / **BEL** | ragazzo |
| (lo studente) | **QUELLO** / **BELLO** | studente |
| (l'albergo) | **QUELL'** / **BELL'** | albergo |
| (la donna) | **QUELLA** / **BELLA** | donna |
| (l'idea) | **QUELL'** / **BELL'** | idea |
| (i libri) | **QUEI** / **BEI** | libri |
| (gli amici) | **QUEGLI** / **BEGLI** | amici |
| (le case) | **QUELLE** / **BELLE** | case |

## IL COMPARATIVO

*Comparazione*

*1) fra nomi:*
PIÙ.......DI ☞ L'Italia è **più** grande **della** Svizzera
La Svizzera è **meno** grande **dell'**Italia
L'Italia è grande **come** l'Inghilterra

*2) fra verbi:*
PIÙ.......CHE ☞ Mi piace **più** mangiare **che** cucinare
È **meglio** nascere ricchi **che** nascere poveri

*3) fra aggettivi:*
PIÙ.......CHE ☞ È un libro **più** divertente **che** profondo
Quella ragazza, **più che** divertente è furba

*Superlativo relativo:*
IL/LA PIÙ.....DI ☞ Il Po è **il** fiume **più** lungo **d'**Italia
Roma è **la più** grande città **d'**Italia

*Superlativo assoluto:*
-ISSIMA/O/E/I ☞ Il Po è lungh**issimo**
Roma è grand**issima**
Quella ragazza è intelligent**issima**

## COMPARATIVI E SUPERLATIVI PARTICOLARI

| GRADO POSITIVO | COMPARATIVO DI MAGGIORANZA | SUPERLATIVO RELATIVO | SUPERLATIVO ASSOLUTO |
|---|---|---|---|
| Buono | più buono MIGLIORE | il più buono IL MIGLIORE | buonissimo OTTIMO |
| Cattivo | più cattivo PEGGIORE | il più cattivo IL PEGGIORE | cattivissimo PESSIMO |
| Grande | più grande MAGGIORE | il più grande IL MAGGIORE | grandissimo MASSIMO |
| Piccolo | più piccolo MINORE | il più piccolo IL MINORE | piccolissimo MINIMO |
| Alto | più alto SUPERIORE | il più alto IL SUPERIORE | altissimo SUPREMO |
| Basso | più basso INFERIORE | il più basso L'INFERIORE | bassissimo INFIMO |

# L'IMPERFETTO

|  | |
|---|---|
| A E I | -VO -VI -VA -VAMO -VATE -VANO |

☞ *Per fare l'imperfetto si toglie -RE dall'infinito del verbo e si usano le terminazioni dello schema*

Da giovane **andavo** in chiesa ogni domenica
La mattina si **alzava** e **beveva** un caffè
Mia nonna **era** bionda e **aveva** gli occhi azzurri
**Avevamo** sonno e siamo andati a dormire
**Era** una notte buia

*L'imperfetto indica:*
☞ *una ripetizione*
☞ *un'abitudine*
☞ *un modo di essere*
☞ *un sentimento*
☞ *una situazione*

**Mentre** mangiavo guardavo la tv
**Mentre** passeggiavo ho incontrato Anna
Ho conosciuto Marina **mentre** vivevo a Palermo

☞ *L'imperfetto si usa sempre dopo la parola MENTRE (nel senso di quando)*

| ESSERE | FARE | DIRE | BERE |
|---|---|---|---|
| ero | facevo | dicevo | bevevo |
| eri | facevi | dicevi | bevevi |
| era | faceva | diceva | beveva |
| eravamo | facevamo | dicevamo | bevevamo |
| eravate | facevate | dicevate | bevevate |
| erano | facevano | dicevano | bevevano |

☞ *Escluso "essere" tutti i verbi hanno l'imperfetto regolare (anche fare, dire e bere, su base latina fac-, dic- e bev-)*

# LE PARTICELLE INTERROGATIVE

| PARTICELLE INTERROGATIVE | PARTICELLE INTERROGATIVE RAFFORZATE |
|---|---|
| QUALE/I? | MA QUALE? |
| QUANTA/O/E/I? | MA QUANTO? |
| COME? | MA COME? |
| DOVE? | MA DOVE? |
| CHI? | MA CHI?   CHI MAI? |
| CHE COSA? | CHE COSA?   CHE COSA MAI?   MA CHE COSA? |
| CHE? | MA CHE? |
| COSA? | MA COSA?   COSA MAI? |
| PERCHÉ? | MA PERCHÉ?   PERCHÉ MAI? |
| COME MAI? (= perché?) | MA COME MAI? |
| QUANDO? | MA QUANDO?   QUANDO MAI?   MA QUANDO MAI? |

*Il pronome personale soggetto nelle interrogative normalmente non è usato* ☞

Dove va?   (NON: Dove va lui?)

Di dove sei?   (NON: di dove sei tu?)

Avete 1000 lire?   (NON: avete 1000 lire voi?)

*Nella lingua parlata le domande che non sono introdotte da una particella interrogativa possono essere precedute da CHE (rafforzato: MA CHE)* ☞

**Che**, ho detto qualcosa di sbagliato?

**Che**, hai fame?

**Ma che**, sei diventato pazzo?

**Ma che**, stai scherzando?

*Le interrogative retoriche possono essere segnalate da particelle come NO? o VERO?* ☞

Tu abiti a Milano, **no**?

Non cambierai idea adesso, **vero**?

*Le particelle interrogative possono essere rafforzate da MA, MAI o anche E. Nel parlato si rafforzano talvolta con una parola più o meno volgare* ☞

**Ma** chi credi di essere?

**Ma** quando **mai** ho detto queste cose?

**E** perché **mai** non mi hai telefonato?

**Ma** dove **diavolo** vai?

**Ma** che **cazzo** vuoi?

## LA CAUSA

Perché studi l'italiano?
Come mai studi l'italiano?

Perché sei venuta in Italia?
Come mai sei venuta in Italia?

☞ *PERCHÉ e COME MAI si usano per fare domande*

DOMANDA

RISPOSTA

Perché studi l'italiano?

Studio l'italiano **perché** è una bella lingua
**Perché** è una bella lingua

☞ *PERCHÉ si usa anche nelle risposte*

**Siccome** è una bella lingua studio l'italiano
**Dato che** è una bella lingua studio l'italiano
**Giacché** è una bella lingua studio l'italiano
**Visto che** è una bella lingua studio l'italiano

☞ *La causa si può esprimere anche con SICCOME, GIACCHÉ, DATO CHE, VISTO CHE*

## ALTRI SUPERLATIVI

Questa è una storia bell**issima**

☞ *Il superlativo assoluto si fa normalmente con il suffisso -ISSIMO*

Prova questo vino che è **buono** buono
Adesso sono **davvero** stanco
Ma tu sei **tutto** scemo
Bevi il caffè finché è **bello** caldo

☞ *Per fare il superlativo possiamo però anche usare altre parole che rafforzano l'aggettivo*

Mangiate le mel**issime** del Sud Tirolo
L'amar**issimo** che fa ben**issimo**
Il general**issimo** Franco ha governato la Spagna per molti anni

☞ *Il suffisso -ISSIMO dà sempre un'idea di grandezza e qualità: si usa perciò anche in molti neologismi, specialmente nella pubblicità*

# I PRONOMI DIRETTI

|  | maschile | femminile |
|---|---|---|
| singolare | **LO** | **LA** |
| plurale | **LI** | **LE** |

*I pronomi LO, LA, LI, LE si usano normalmente prima del verbo* ☞

Usi il computer?  
Guardi molto la televisione?  
Leggi i giornali?  
Prendi le chiavi?

Sì, **lo** uso  
Sì, **la** guardo molto  
Sì, **li** leggo  
Sì, **le** prendo

*Se dopo i pronomi diretti LO, LA, LI, LE c'è un passato prossimo, la forma del participio finisce con -O, -A, -I, -E* ☞

LO  LA  
LI  LE  
**+ PARTICIPIO PASSATO**  
-O  -A  
-I  -E

*LO e LA si possono apostrofare, LI e LE no* ☞

Hai usato il computer?  
Hai guardato la televisione?  
Hai letto i giornali?  
Hai preso le chiavi?

Sì, **l'** ho usato  
Sì, **l'** ho guardata  
Sì, **li** ho letti  
Sì, **le** ho prese

*Se dopo i pronomi diretti LO, LA, LI, LE c'è un infinito, questo infinito può formare una sola parola con il pronome*

LO  LA  
LI  LE  
**+ INFINITO = UNA SOLA PAROLA**

Sai usare il computer?

Sì, so **usarlo**  
Sì, lo so usare

Vuoi sentire la musica?

Sì, voglio **sentirla**  
Sì, la voglio sentire

Devi prendere le chiavi?

Sì devo **prenderle**  
Sì, le devo prendere

# I PRONOMI INDIRETTI

| MI | = | a me |
|---|---|---|
| TI | = | a te |

| GLI | = | a lui, a loro |
|---|---|---|
| LE | = | a lei |

| CI | = | a noi |
|---|---|---|
| VI | = | a voi |

Telefoni a tuo fratello? — Sì, **gli** telefono
Scrivi a tua sorella? — Sì, **le** scrivo
Rispondi ai tuoi genitori? — Sì, **gli** rispondo

☞ *I pronomi indiretti si usano prima del verbo*

Quando mi telefoni? — Posso **telefonarti** domani / Ti posso telefonare domani

Devi scrivere a Maria? — Sì, devo **scriverle** / Sì, le devo scrivere

☞ *L'infinito dei verbi può formare una sola parola con i pronomi indiretti*

| MI | | |
|---|---|---|
| TI | | |
| GLI | | |
| LE | PIACE | (una cosa) |
| CI | PIACCIONO | (molte cose) |
| VI | | |
| GLI | | |

☞ *Con il verbo PIACERE si usano molto spesso i pronomi indiretti*

Ti piace la musica? — Sì, **mi** piace!
Vi piacciono gli spaghetti? — Sì, **ci** piacciono
A Lidia piace il mare? — No, non **le** piace
Le basta un chilo di mele? — No, non **mi** basta
Quanti soldi **ti** servono? — **Mi** serve un milione
Ti sembra un bel libro? — No, **mi** sembra noioso

☞ *Altri verbi, ad esempio SERVIRE, BASTARE, SEMBRARE, si comportano come PIACERE*

## LA PARTICELLA "CI"

*CI significa "là", "in quel posto"* ☞

| | |
|---|---|
| Vai a Roma? | Sì, **ci** vado |
| Abiti in Germania? | Sì, **ci** abito |
| Cosa metti nell'insalata? | **Ci** metto l'olio |

## LA PARTICELLA "NE"

*NE significa "di questo" (anche in senso partitivo)* ☞

| | |
|---|---|
| Parlate di politica? | No, non **ne** parliamo |
| Quanti fratelli hai? | **Ne** ho due |
| Bevi il caffè? | Sì, ma **ne** bevo poco |
| Scusi, ha del pane? | Mi dispiace, non **ne** ho più |

## "CI" E "NE" CON L'INFINITO

*L'infinito dei verbi può formare una sola parola con CI e NE* ☞

| | |
|---|---|
| Vuoi tornare a casa? | Sì, voglio **tornarci** <br> Sì, ci voglio tornare |
| Vuoi parlare di sport? | Sì, voglio **parlarne** <br> Sì, ne voglio parlare |

## PARTICELLE PRONOMINALI E GERUNDIO

*Anche il gerundio può formare una sola parola con i pronomi diretti, indiretti, CI e NE* ☞

| | |
|---|---|
| Stai leggendo un libro? | Sì, sto **leggendolo** <br> Sì, lo sto leggendo |
| Stai telefonando a Carlo? | Sì, sto **telefonandogli** <br> Sì, gli sto telefonando |
| Stanno andando a casa? | Sì, stanno **andandoci** <br> Sì, ci stanno andando |

## "CE L'HO"

| | | |
|---|---|---|
| Hai un libro? | Sì, **ce lo** ho<br>Sì, **ce l'**ho | ☞ **CE L'HO** si usa per rispondere a domande fatte con il verbo **AVERE** nel senso di "possedere" |
| Hai una penna? | No, non **ce la** ho<br>No, non **ce l'**ho | |
| Hai due libri? | No, non **ce li** ho | |
| Hai due penne? | Sì, **ce le** ho | |

## IL DISCORSO INDIRETTO

Giovanna: "Sto bene **qui** a Palermo"
Giovanna ha detto che stava bene **lì** a Palermo
Maria: "**Oggi** fa caldo"
Maria ha detto che **quel giorno** faceva caldo
Anna: "Paolo **mi** piace molto"
Anna ha detto che Paolo **le** piaceva molto

Giulio Cesare: "Non mi **sento** bene"
Giulio Cesare ha detto che non si **sentiva** bene

Paola: "Sono contenta"
Paola dice che è contenta
Galileo Galilei: "La terra **gira** intorno al sole"
Galileo Galilei ha detto che la terra **gira** intorno al sole

☞ Nel discorso indiretto cambiano spesso i tempi verbali, le determinazioni di spazio e di tempo, i pronomi.

☞ Nel discorso indiretto il presente dei verbi facilmente diventa imperfetto.

☞ Il presente non cambia per i verbi che si riferiscono: 1) al presente di chi parla; 2) a verità generali

## I NUMERI ORDINALI

| I | primo | VII | settimo | XXIII | ventitreesimo |
|---|---|---|---|---|---|
| II | secondo | VIII | ottavo | XXXIV | trentaquattresimo |
| III | terzo | IX | nono | LVI | cinquantaseiesimo |
| IV | quarto | X | decimo | LXX | settantesimo |
| V | quinto | XI | undicesimo | C | centesimo |
| VI | sesto | XII | dodicesimo | M | millesimo |

# IL FUTURO

*I verbi in -ARE e in -ERE hanno il futuro uguale.*
*I verbi in -IRE hanno una vocale diversa*

| PENSARE | CREDERE | SENTIRE |
|---|---|---|
| pens-**erò** | cred-**erò** | sent-**irò** |
| pens-**erai** | cred-**erai** | sent-**irai** |
| pens-**erà** | cred-**erà** | sent-**irà** |
| pens-**eremo** | cred-**eremo** | sent-**iremo** |
| pens-**erete** | cred-**erete** | sent-**irete** |
| pens-**eranno** | cred-**eranno** | sent-**iranno** |

*Le forme del futuro dei verbi ESSERE e AVERE sono irregolari*

| ESSERE | AVERE |
|---|---|
| sarò | avrò |
| sarai | avrai |
| sarà | avrà |
| saremo | avremo |
| sarete | avrete |
| saranno | avranno |

*Molti verbi, specialmente in -ERE (come il verbo AVERE) hanno il futuro contratto, cioè senza la vocale E*

| ANDARE | andrò | DOVERE | dovrò | STARE | starò |
|---|---|---|---|---|---|
| BERE | berrò | FARE | farò | TENERE | terrò |
| CADERE | cadrò | POTERE | potrò | VENIRE | verrò |
| DARE | darò | RIMANERE | rimarrò | VIVERE | vivrò |
| DIRE | dirò | SAPERE | saprò | VOLERE | vorrò |

*Quando l'idea del tempo futuro è chiara (per esempio se ci sono parole come "domani", "fra un mese") è possibile usare il presente al posto del futuro*

Domani **vado** in montagna

La scuola **finisce** fra pochi giorni

Il prossimo anno **devo** cambiare casa

## SOSTANTIVI CON TERMINAZIONE IRREGOLARE

|             | singolare | plurale |
|-------------|-----------|---------|
| femminile   | - A       | - E     |
| maschile    | - O       | - I     |
| masc. o fem.| - E       | - I     |

☞ *RICORDA!*
*I sostantivi regolari finiscono con -A, -O, -E (plurale -E, -I)*

*Ci sono alcuni casi speciali:*

| la radio | le radio | la foto | le foto |
| la mano  | le mani  | la moto | le moto |

☞ *- O (femminili)*

| il programma | i programmi | il pianista  | i pianisti  |
| il tema      | i temi      | il regista   | i registi   |
| il sistema   | i sistemi   | il dentista  | i dentisti  |
| il diploma   | i diplomi   | il fascista  | i fascisti  |
| il problema  | i problemi  | il socialista| i socialisti|
| il cinema    | i cinema    | il papa      | i papi      |
| il collega   | i colleghi  | il poeta     | i poeti     |

☞ *- A (maschili)*

| l'analisi  | le analisi | la metropoli | le metropoli |
| la sintesi | le sintesi | la crisi     | le crisi     |

☞ *- I (femminili)*

| il lunedì    | i lunedì    | il martedì | i martedì |
| il mercoledì | i mercoledì | il giovedì | i giovedì |
| il venerdì   | i venerdì   |            |           |

☞ *-Ì (maschili)*

## SOSTANTIVI CON PLURALE IRREGOLARE

| il braccio  | le braccia / i bracci | il muro      | le mura / i muri |
| il dito     | le dita               | l'uovo       | le uova          |
| il paio     | le paia               | il centinaio | le centinaia     |
| il migliaio | le migliaia           | l'uomo       | gli **uomini**   |
| mille       | **mila**              |              |                  |

☞ *Alcuni sostantivi hanno il plurale irregolare o due plurali*

# L'ARTICOLO "LO", "GLI"

| | | | | | |
|---|---|---|---|---|---|
| L'articolo LO (pl. GLI) si usa con: | | | | | |
| nomi in s+consonante (circa 300) | ☞ | **lo s**badiglio<br>**lo s**lalom<br>**lo s**regolato | **lo s**calino<br>**lo s**malto<br>**lo s**tato | **lo s**degno<br>**lo s**nob<br>**lo s**venimento | **lo sf**ratto<br>**lo sp**aro | **lo s**gabello<br>**lo s**qualo |
| nomi in ps (circa 20) | ☞ | **lo ps**icologo | **lo ps**eudonimo | | | |
| nomi in i/y+vocale | ☞ | **lo i**odio | **lo ie**llato | **lo y**ogurt | | |
| nomi in z (circa 30) | ☞ | **lo z**oo | **lo z**ampognaro | **lo z**enit | | |
| 3 nomi in gn | ☞ | **lo gn**omo | **lo gn**occo | **lo gn**orri | | |
| 2 nomi in x | ☞ | **lo x**ilofono | **lo x**enofobo | | | |
| L'articolo LO si deve apostrofare davanti a nome in vocale (o h+vocale) | ☞ | **l'a**lbero<br>**l'u**omo | **l'e**lefante<br>**l'i**mperatore | **l'o**spite<br>**l'h**ashish | | |
| L'articolo LO si usa davanti a due espressioni particolari | ☞ | per **lo** più | | per **lo** meno | | |
| Il plurale GLI si usa come articolo del nome plurale DEI (sing. DIO) | ☞ | Dio è buono | | **gli** dei sono buoni | | |

# IL VERBO "AVERCI"

| | | |
|---|---|---|
| Nella lingua parlata il verbo avere usato in senso assoluto e NON COME AUSILIARE è spesso preceduto dalla particella CI | ☞ | **C'hai** una sigaretta?<br><br>Non è venuta perché non **c'ha** avuto tempo<br><br>Le famiglie un tempo **c'avevano** più figli<br><br>Domani **c'avrò** una giornata terribile |

## PRESENTE INDICATIVO IRREGOLARE

-O
-I
-A/-E
-IAMO
-ATE/-ETE/-ITE
-ANO/-ONO

☞ **RICORDA!**
*Queste sono le terminazioni del presente indicativo nei verbi regolari*

☞ *Il presente di alcuni verbi irregolari (altri irregolari in appendice a pag. 53 e seguenti)*

**TOGLIERE**
tolgo
togli
toglie
togliamo
togliete
tolgono

**SCEGLIERE**
scelgo
scegli
sceglie
scegliamo
scegliete
scelgono

**SEDERSI**
mi siedo
ti siedi
si siede
ci sediamo
vi sedete
si siedono

**SPEGNERE**
spengo
spegni
spegne
spegniamo
spegnete
spengono

**TENERE**
tengo
tieni
tiene
teniamo
tenete
tengono

**VALERE**
valgo
vali
vale
valiamo
valete
valgono

## PASSATO PROSSIMO CON PARTICIPIO IRREGOLARE

| | | | |
|---|---|---|---|
| ACCENDERE | ho acceso | NASCONDERE | ho nascosto |
| ACCORGERSI | mi sono accorta/o | OFFENDERE | ho offeso |
| CONFONDERE | ho confuso | PIANGERE | ho pianto |
| COPRIRE | ho coperto | PRETENDERE | ho preteso |
| CORREGGERE | ho corretto | REGGERE | ho retto |
| CUOCERE | ho cotto | RENDERE | ho reso |
| DELUDERE | ho deluso | RISOLVERE | ho risolto |
| DIFENDERE | ho difeso | ROMPERE | ho rotto |
| DIPINGERE | ho dipinto | SEDURRE | ho sedotto |
| DISCUTERE | ho discusso | SMETTERE | ho smesso |
| ESCLUDERE | ho escluso | SOFFRIRE | ho sofferto |
| ESISTERE | sono esistita/o | SORPRENDERE | ho sorpreso |
| ESPRIMERE | ho espresso | SPINGERE | ho spinto |
| FINGERE | ho finto | SUCCEDERE | (è) successa/o |
| GIUNGERE | sono giunta/o | | |

## IL RIFLESSIVO IMPERSONALE

*Il SI impersonale si usa con la terza persona singolare o plurale dei verbi*

*Se il verbo è riflessivo ☞ il doppio SI diventa CI SI*

SI (impersonale) + SI (riflessivo) = CI SI

In quella discoteca **ci si** diverte molto
La mattina **ci si** lava e **ci si** pettina

## IL PASSATO REMOTO

*Il passato remoto ha lo stesso valore del passato prossimo. La differenza è geografica e stilistica.*

*GEOGRAFICA perché il passato remoto è molto usato nell'Italia del sud e poco nell'Italia del nord.*

*STILISTICA perché il passato remoto è più adatto a racconti di tipo storico, a narrazioni favolistiche, epiche, mitologiche ecc.*

*Il passato remoto si usa molto nella lingua scritta e poco in quella orale.*

*Molto spesso il passato remoto è irregolare.*

**ESSERE**

fui
fosti
fu
fummo
foste
furono

**AVERE**

ebbi
avesti
ebbe
avemmo
aveste
ebbero

**PARLARE**

parl-**ai**
parl-**asti**
parl-**ò**
parl-**ammo**
parl-**aste**
parl-**arono**

**POTERE**

pot-**ei**
pot-**esti**
pot-**é**
pot-**emmo**
pot-**este**
pot-**erono**

**CAPIRE**

cap-**ii**
cap-**isti**
cap-**ì**
cap-**immo**
cap-**iste**
cap-**irono**

Mio nonno è morto in guerra   Il Presidente Kennedy **morì** nel 1964

Ho parlato con il dottore     Gesù Cristo **parlò** a tutti i popoli

## USO DELL'IMPERFETTO

Ieri sono voluta andare al cinema          (e ci sono andata)
Ieri volevo andare al cinema               (e forse ci sono andata e forse no)

Ieri ho dovuto prendere una medicina       (e l'ho presa)
Ieri dovevo prendere una medicina          (e poi forse l'ho presa e forse no)

Ho conosciuto una persona                  (mi hanno presentato quella persona)
Conoscevo quella persona                   (quella persona era un amico)

Ho saputo questa notizia                   (qualcuno, un giorno, mi ha informato)
Sapevo questa notizia                      (ero a conoscenza da tempo)

Ieri ho avuto una cravatta rossa           (qualcuno mi ha regalato una cravatta)
Ieri avevo una cravatta rossa              (ero vestito con una cravatta rossa)

## IL TRAPASSATO PROSSIMO

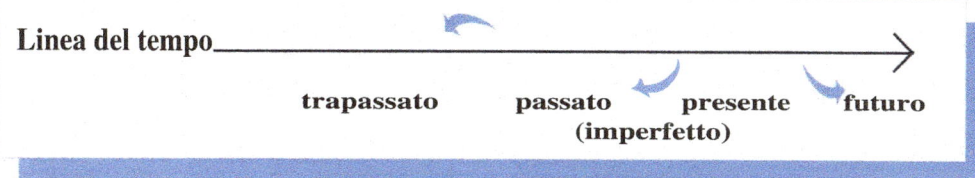

Linea del tempo — trapassato — passato (imperfetto) — presente — futuro

**LEGGERE**
avevo letto
avevi letto
aveva letto
avevamo letto
avevate letto
avevano letto

**TORNARE**
ero tornata/o
eri tornata/o
era tornata/o
eravamo tornate/i
eravate tornate/i
erano tornate/i

**FINIRE**
avevo finito
avevi finito
aveva finito
avevamo finito
avevate finito
avevano finito

☛ Il trapassato prossimo si forma con l'imperfetto di essere o avere e il participio passato del verbo.

Quando sono arrivata lui **era** già **andato** via
**Era uscita** di casa nervosa, ma è tornata serena
Era stanca perché **aveva avuto** una giornata difficile
Lei mi ha domandato se io **ero stata** in Italia
Io le ho detto che non **avevo** mai **visitato** quel paese

☛ Si usa per indicare un'azione avvenuta prima di un'altra che è già passata

# IL FUTURO ANTERIORE

Linea del tempo

trapassato    passato    presente    fut. anteriore    futuro
                        (imperfetto)

*Il futuro anteriore si forma con il futuro di essere o avere e il participio passato del verbo*

**LEGGERE**

avrò letto
avrai letto
avrà letto
avremo letto
avrete letto
avranno letto

**TORNARE**

sarò tornata/o
sarai tornata/o
sarà tornata/o
saremo tornate/i
sarete tornate/i
saranno tornate/i

*Si usa per indicare un'azione avvenuta prima di un'altra che è futura*

Uscirò quando **avrò finito** il mio lavoro

Dopo che **avrò parlato** con lei ti telefonerò

*Al posto del futuro anteriore posso usare il passato prossimo*

Quando **ho finito** il lavoro esco

Dopo che **ho parlato** con lei ti telefono

Domani devi telefonarmi appena **sei arrivato**

*Il futuro semplice o anteriore esprime anche un dubbio*

Se faceva il cantante **avrà avuto** una bella voce
Non ha risposto al telefono? **Avrà dormito**, come sempre
Quello che dici **sarà** vero, ma non posso crederci

## PRONOMI DIRETTI E INDIRETTI

| PRONOMI | SOGGETTO | INDIRETTI | DIRETTI |
|---|---|---|---|
| I persona sing. | io | MI (a me) | MI |
| II persona sing. | tu | TI (a te) | TI |
| III persona sing. | lui | GLI (a lui) | LO |
|  | lei | LE (a lei) | LA |
| I persona pl. | noi | CI (a noi) | CI |
| II persona pl. | voi | VI (a voi) | VI |
| III persona sing. | loro (mas.) | GLI (a loro) | LI |
|  | loro (fem.) | GLI (a loro) | LE |

## IL PRONOME COMBINATO "GLIELO/A/I/E"

| | | | | |
|---|---|---|---|---|
| GLI LE | + | LO LA LI LE NE | = | GLIELO GLIELA GLIELI GLIELE GLIENE |

☞ *I pronomi indiretti di terza persona + i pronomi diretti di terza persona o NE formano il pronome combinato GLIELO/A/I/E*

| | |
|---|---|
| Quando porti questo regalo a Giorgio? | **Glielo** porto domani |
| Quando porti questo regalo a Sara? | **Glielo** porto domani |
| | |
| Porti questo regalo ai tuoi genitori? | Sì, **glielo** porto domani |
| Quando scrivi una lettera a Giorgio? | **Gliela** scrivo domani |
| Quando scrivi una lettera a Sara? | **Gliela** scrivo domani |
| | |
| Quando scrivi una lettera ai tuoi amici? | **Gliela** scrivo domani |
| Pronto, posso parlare con il dottore? | Sì, **glielo** chiamo subito |
| | |
| Gli hai parlato di me? | Sì, **gliene** ho parlato |

# ALTRI PRONOMI COMBINATI

*Gli altri pronomi indiretti, i pronomi riflessivi e la particella CI se si combinano con LO/LA/LI/LE o con NE cambiano la vocale I in E*

| | | |
|---|---|---|
| MI | | ME LO - ME LA - ME LI - ME LE - ME NE |
| | LO | |
| TI | | TE LO - TE LA - TE LI - TE LE - TE NE |
| | LA | |
| CI | | CE LO - CE LA - CE LI - CE LE - CE NE |
| | + LI = | |
| VI | | VE LO - VE LA - VE LI - VE LE - VE NE |
| | LE | |
| SI | | SE LO - SE LA - SE LI - SE LE - SE NE |
| | NE | |
| CI (là) | | CE LO - CE LA - CE LI - CE LE - CE NE |

Quando mi presti il tuo motorino?
**Te lo** presto subito!

**Me lo** regali?
No, se vuoi **te lo** vendo

Pronto, sono Stefania. C'è Marco?
Sì, **te lo** passo subito

Dov'è Luigi?
**Se n'**è andato a dormire

Noi aspettiamo sempre una tua lettera
Io **ve l'**ho scritta!

Quando **ce l'**hai spedita?
**Ve l'**ho spedita un mese fa!

Mi dai qualche suggerimento?
**Te ne** do uno solo!

Quanti cucchiaini di zucchero hai messo nel caffè? **Ce ne** ho messi due

*Quando c'è un participio passato i pronomi combinati con LO/LA/LI/LE e NE seguono le regole dei pronomi diretti (vedi pag. 18)*

PRONOME COMBINATO CON LO LA LI LE + PARTICIPIO PASSATO = -O - A - I -E

Quando hai regalato i fiori a Maria?
**Glieli** ho regalati ieri

*Anche i pronomi combinati possono formare una sola parola con l'infinito e con il gerundio*

PRONOME COMBINATO + INFINITO GERUNDIO = UNA PAROLA

Puoi darmi quel libro?

Stai scrivendo una lettera a Ugo?

Non posso **dartelo**: mi serve
Non te lo posso dare, mi serve

Sì sto **scrivendogliela**
Sì gliela sto scrivendo

# L'IMPERATIVO

|       | -are      | -ere      | -ire      |
|-------|-----------|-----------|-----------|
| (TU)  | -A        | -I        | -I        |
| (LEI) | -I        | -A        | -A        |
| (TU)  | non -ARE  | non -ERE  | non -IRE  |
| (LEI) | non -I    | non -A    | non -A    |

☞ *Imperativo diretto*

☞ *Imperativo di cortesia*

☞ *Imperativo diretto negativo*

☞ *Imperativo di cortesia negativo*

tu, parla!
tu, scrivi!
tu, senti!

Lei, parli!
Lei, scriva!
Lei, senta!

tu, **non** parlare!
tu, **non** scrivere!
tu, **non** sentire!

Lei, **non** parli!
Lei, **non** scriva!
Lei, **non** senta!

**vieni** a casa!
**facciamo** un gioco!
**bevi** il caffè!
**finisci** il lavoro!

**state** buoni!
**sentite** la radio!
**siediti**!
**esci**!

☞ *L'imperativo diretto con tu, noi e voi è spesso uguale al presente indicativo*

Fuma una sigaretta, **fumala**!
Bevi un caffè, **bevilo**!
Porta questi fiori a Marta, **portaglieli**!
Leggi questi libri, **leggili**!
Andiamo a casa, **andiamoci**!
Parliamo di questo problema, **parliamone**!
**Sentitemi**, voglio dire una cosa!
Non fate questi giochi, non **fateli**!
**Ricordati** di me!
Non comprare quel libro, non **comprarlo**!
ma anche
Non lo **comprare**

☞ *L'imperativo diretto (con tu, noi e voi) forma una sola parola con i pronomi diretti, indiretti, riflessivi, combinati, CI e NE*

## VERBI CON DOPPIO AUSILIARE

*Alcuni verbi usano, a seconda delle situazioni, l'ausiliare essere o avere:*
*normalmente AVERE si usa se il verbo ha UN OGGETTO (es: io ho finito il lavoro)*
*ESSERE si usa se il verbo non può avere UN OGGETTO (es: il lavoro è finito)*

| | |
|---|---|
| AUMENTARE | **Ho** aumentato il volume della radio<br>Il costo della vita **è** aumentato |
| BRUCIARE | Il sole mi **ha** bruciato il naso<br>La mia casa **è** bruciata |
| CAMBIARE | **Abbiamo** cambiato casa<br>Il mondo **è** cambiato |
| COMINCIARE | Quando **hai** cominciato l'università?<br>Il corso **è** cominciato un mese fa |
| FINIRE | Alle quattro **ho** finito di lavorare<br>Il lavoro **è** finito |
| PASSARE | **Ho** passato un brutto periodo<br>**È** passato molto tempo |
| SALTARE | **Ho** saltato tre lezioni di ginnastica<br>I miei progetti **sono** saltati |

*I verbi DOVERE, POTERE, VOLERE e SAPERE, usati in senso assoluto, hanno l'ausiliare AVERE; se accompagnano l'infinito di un altro verbo prendono l'ausiliare di quel verbo (es: ho voluto fare; sono voluto andare). Anche in questo ultimo caso, però, si può usare il verbo AVERE*

| | |
|---|---|
| Perché non sei venuta? | Non **ho** voluto! |
| Perché non sei venuta? | Non sono venuta perché **sono** dovuta partire<br>Non sono venuta perché **ho** dovuto lavorare |
| Perché non sei venuta? | Perché non **sono** potuta arrivare in orario |

*I verbi come PIOVERE, NEVICARE, GRANDINARE e il verbo VIVERE usano indifferentemente l'ausiliare ESSERE o AVERE*

È nevicato   Ha nevicato

È piovuto   Ha piovuto

**Sono** vissuta/o a Roma   **Ho** vissuto a Roma

## IMPERATIVO IRREGOLARE

| | | | |
|---|---|---|---|
| ESSERE | (tu) sii | (voi) siate | 👉 *Imperativo diretto irregolare* |
| AVERE | (tu) abbi | (voi) abbiate | |
| SAPERE | (tu) sappi | (voi) sappiate | |
| ANDARE | (tu) va' / vai | | |
| DARE | (tu) da' / dai | | |
| FARE | (tu) fa' / fai | | |
| STARE | (tu) sta' / stai | | |
| DIRE | (tu) di' | | |

Va' a casa, **vacci**!   Fa' questo lavoro, **fallo**!   👉 *Imperativo irregolare con particella pronominale*
Di' la verità, **dilla**!   **Dammi** una sigaretta, **dammela**!

## GLI AUSILIARI

| | | | |
|---|---|---|---|
| PIACERE | ⇒ ESSERE | il film mi **è** piaciuto | 👉 *Attenzione agli ausiliari di questi verbi* |
| DURARE | ⇒ ESSERE | il film **è** durato due ore | |
| CAMMINARE | ⇒ AVERE | **abbiamo** camminato a lungo | |
| PASSEGGIARE | ⇒ AVERE | **ho** passeggiato per il centro | |
| COSTARE | ⇒ ESSERE | quel libro mi **è** costato caro | |

# I VERBI RIFLESSIVI

*I verbi riflessivi usano i pronomi MI, TI, SI, CI, VI, SI*
☞
Io **mi** arrabbio
Tu **ti** pettini
Lei **si** è vestita

Noi **ci** arrabbiamo
Voi **vi** pettinate
Loro **si** sono vestite

*Qualche volta il pronome riflessivo ha solo un valore "affettivo", frequente nel parlato*
☞
Io **mi** bevo una birra
tu **ti** leggi un libro
Lei **si** è guardata tutto il film

Noi **ci** beviamo una birra
Voi **vi** leggete un libro
Loro **si** sono guardate un film

*La forma impersonale del riflessivo si fa con CI SI (vedi pag. 26)*
☞
La mattina **ci si** lava e **ci si** veste

*I riflessivi possono avere valore "reciproco" (tipico delle azioni che si fanno in due)*
☞
Io sposo Maria (io mi sposo con Maria) ⇔ Io e Maria **ci** sposiamo

Lui saluta lei (lui si saluta con lei) ⇔ Loro **si** salutano

Io ti conosco ⇔ Noi **ci** conosciamo

*Esempio di verbo riflessivo con pronome locativo CI (TROVARSI BENE A ROMA)*
☞

| IO | MI | CI | TROVO | bene |
|---|---|---|---|---|
| TU | TI | CI | TROVI | bene |
| LEI/LUI | | CI SI | TROVA | bene |
| NOI | | CI | TROVIAMO | bene a Roma |
| VOI | VI | CI | TROVATE | bene |
| LORO | | CI SI | TROVANO | bene |

*I riflessivi costruiti con un verbo modale (DOVERE, POTERE, SAPERE, VOLERE) hanno il pronome sempre prima del modale*
☞
**Mi** sono dovuto sposare
**Ti** sei voluta pettinare
Non **ci** siamo potuti salutare

# IL CONDIZIONALE SEMPLICE

| ESSERE (irr.) | CANTARE | SCRIVERE | DORMIRE |
|---|---|---|---|
| sarei | cant-**erei** | scriv-**erei** | dorm-**irei** |
| saresti | cant-**eresti** | scriv-**eresti** | dorm-**iresti** |
| sarebbe | cant-**erebbe** | scriv-**erebbe** | dorm-**irebbe** |
| saremmo | cant-**eremmo** | scriv-**eremmo** | dorm-**iremmo** |
| sareste | cant-**ereste** | scriv-**ereste** | dorm-**ireste** |
| sarebbero | cant-**erebbero** | scriv-**erebbero** | dorm-**irebbero** |

| | | | | AVERE | |
|---|---|---|---|---|---|
| ANDARE | *andrei* | RIMANERE | *rimarrei* | | *Molti verbi in -ERE,* |
| BERE | *berrei* | SAPERE | *saprei* | | *come il verbo AVERE,* |
| CADERE | *cadrei* | STARE | *starei* | avrei | *hanno il condizionale* |
| DARE | *darei* | TENERE | *terrei* | avresti | *"contratto", senza la E* |
| DIRE | *direi* | VEDERE | *vedrei* | avrebbe | *(vedi anche il futuro* |
| DOVERE | *dovrei* | VENIRE | *verrei* | avremmo | *contratto a pag 22)* |
| FARE | *farei* | VIVERE | *vivrei* | avreste | |
| | | | | avrebbero | |

**Berrei** una birra e **mangerei** un panino
Mi **faresti** un favore? **Verresti** a casa mia?
Mi **piacerebbe** visitare la Cina
**Sarebbe** bello avere quella macchina

*Il condizionale semplice si usa per esprimere un desiderio e per manifestare cortesia*

Secondo la televisione il re **sarebbe** morto

I disoccupati **sarebbero** un milione

Il film **sarebbe** bello, secondo i critici

Il film **dovrebbe essere** bello

*Si usa anche per esprimere insicurezza su una informazione ricevuta (uso giornalistico), o per un'opinione logica ma non provata (condizionale di DOVERE)*

# IL CONDIZIONALE COMPOSTO

io avrei studiato
tu avresti studiato
lui avrebbe studiato
noi avremmo studiato
voi avreste studiato
loro avrebbero studiato

io sarei arrivata/o
tu saresti arrivata/o
lui sarebbe arrivata/o
noi saremmo arrivate/i
voi sareste arrivate/i
loro sarebbero arrivate/i

*Il condizionale composto dà idea di un'azione non realizzata e non realizzabile* ☞ **Avrei mangiato** una mozzarella
Mi **sarebbe piaciuto** fare un altro lavoro
**Sarebbe stato** bello conoscere quella donna

# USO DEL VERBO "STARE"

*STARE + gerundio si usa nelle forme progressive* ☞ **Sto parlando**
**Stavo ascoltando**
Credi che **stia scherzando**?

*STARE PER + infinito si usa per indicare un'azione che avverrà tra poco tempo* ☞ **Sto per partire**
**Stava per arrivare**
Sono sicuro che **sta per arrivare**

*STARE A + infinito si usa nel parlato e in qualche espressione cristallizzata. Ha un valore simile a STARE + gerundio, ma dà un senso di continuità, di durata* ☞ Ma che **stai a fare**?
**Sta** tutto il giorno **a dormire**!
Non **sto a raccontarti** tutta la storia

# IL DUBBIO

**DUBBIO PERSONALE NEL PRESENTE**
(forse, con grande probabilità)

Federica **avrà** al massimo trent'anni
Hai lavorato tutto il giorno? **Sarai** stanco allora!
**Sarà** un bel film, ma a me non piace
Che ore **saranno**?
Quando l'ho conosciuta Rosa **avrà avuto** vent'anni
Ieri hai lavorato? Di sera **sarai stato** stanco allora!
**Avrò visto** quel film almeno sei volte!
Sono arrivato a casa tardi: **sarà stata** mezzanotte

☞ *Un dubbio personale su un fatto probabile si può esprimere in italiano attraverso l'uso del futuro*

**DUBBIO SU INFORMAZIONE RICEVUTA**
(dicono, ho letto, ma io non so)

Domani il Papa **partirebbe** per un viaggio
In Italia, secondo i giornali, ci **sarebbe** poco lavoro
Nell'incidente di ieri **sarebbero morte** tre persone
La guerra, secondo loro, **sarebbe stata** giusta

☞ *Il condizionale esprime un dubbio su una informazione non verificata personalmente (uso giornalistico)*

**DUBBIO SU UNA NOTIZIA PROBABILE, LOGICA**
(è naturale pensarlo anche se non sono sicuro)

È un film di Fellini: **dovrebbe essere** bello
Tu **dovresti parlare** bene italiano, vero?
Il treno **dovrebbe arrivare** alle sette
Il treno **dovrebbe essere** già arrivato

☞ *Il condizionale di DOVERE + infinito indica che l'azione espressa dal verbo è logica e naturale anche se non sicura (non si sa mai)*

# IL DISCORSO INDIRETTO

*Nel discorso indiretto si devono spesso cambiare le determinazioni di spazio, i pronomi personali e gli aggettivi possessivi. Nel discorso indiretto introdotto da un verbo con valore di passato (HA DETTO CHE), cambiano anche le determinazioni di tempo e molti tempi verbali*

|  |  | **LUI DICE CHE** |
|---|---|---|
| "**Qui** a Roma fa freddo" | ⇒ | **lì** a Roma fa freddo |
| "Non **mi** piace il **mio** lavoro" | ⇒ | non **gli** piace il **suo** lavoro |
|  |  | **LUI HA DETTO CHE** |
| "**Ora** qui a Roma **fa** freddo" | ⇒ | **in quel momento** lì a Roma **faceva** freddo |
| "Non mi **piace** la mia casa" | ⇒ | non gli **piaceva** la sua casa |

*Cambiamenti più comuni nel discorso indiretto introdotto da un verbo al passato*

| | DISCORSO DIRETTO | DISCORSO INDIRETTO |
|---|---|---|
| tempo del verbo | PRESENTE<br>PASS. PROSSIMO<br>PASS. REMOTO<br>FUTURO<br>CONDIZ. PRES.<br>IMPERATIVO | IMPERFETTO<br>TRAP. PROSSIMO<br>TRAP. PROSSIMO<br>COND. COMPOSTO<br>COND. COMPOSTO<br>DI + INFINITO |
| determinazione di tempo | OGGI<br>IERI<br>DOMANI<br>ADESSO/ORA<br>FA<br>FRA<br>PROSSIMO | QUEL GIORNO<br>IL GIORNO PRIMA<br>IL GIORNO DOPO<br>IN QUEL MOMENTO<br>PRIMA<br>DOPO<br>SEGUENTE |
| determinazione di luogo | QUI<br>QUESTO<br>ANDARE | LÌ<br>QUELLO<br>VENIRE |

*Nel discorso indiretto sono intraducibili le interiezioni (ehi, mah, be', ecc.), i saluti, i vocativi e le frasi esclamative*

| "**Buongiorno** Marina. **Come stai bene oggi! Beh**, sono contento per te." | ⇒ | Lui ha salutato Marina e ha esclamato che la trovava bene. Ha detto poi che era contento per lei |

*Quando il discorso indiretto riferisce una frase interrogativa, si preferisce usare il congiuntivo invece dell'indicativo, ma solo se la domanda è importante (vedi pag. 42)*

| "Quanti anni hai?" | ⇒ | Lui mi ha chiesto quanti anni **avevo** |
| "Qual è il senso di queste parole?" | ⇒ | Lui ha chiesto quale **fosse** il senso di quelle parole |

# FORME E CONCORDANZE DEL CONGIUNTIVO

## PRESENTE

| - ARE | - ERE | - IRE |
|---|---|---|
| cant-**i** | ved-**a** | sent-**a** |
| cant-**i** | ved-**a** | sent-**a** |
| cant-**i** | ved-**a** | sent-**a** |
| cant-**iamo** | ved-**iamo** | sent-**iamo** |
| cant-**iate** | ved-**iate** | sent-**iate** |
| cant-**ino** | ved-**ano** | sent-**ano** |

## PASSATO

VERBI AUSILIARI + PARTICIPIO

| | | | |
|---|---|---|---|
| abbia | | sia | |
| abbia | | sia | |
| abbia | cantato | sia | stata/o/e/i |
| abbiamo | visto | siamo | |
| abbiate | | siate | |
| abbiano | | siano | |

## IMPERFETTO

| - ARE | - ERE | - IRE |
|---|---|---|
| cant-**assi** | ved-**essi** | sent-**issi** |
| cant-**assi** | ved-**essi** | sent-**issi** |
| cant-**asse** | ved-**esse** | sent-**isse** |
| cant-**assimo** | ved-**essimo** | sent-**issimo** |
| cant-**aste** | ved-**este** | sent-**iste** |
| cant-**assero** | ved-**essero** | sent-**issero** |

## TRAPASSATO

VERBI AUSILIARI + PARTICIPIO

| | | | |
|---|---|---|---|
| avessi | | fossi | |
| avessi | | fossi | |
| avesse | cantato | fosse | stata/o/e/i |
| avessimo | visto | fossimo | |
| aveste | | foste | |
| avessero | | fossero | |

| linea del tempo | frase principale al presente | frase secondaria con congiuntivo passato, imperfetto o presente | |
|---|---|---|---|
| passato | | **abbia visto** quel film<br>**sia arrivato** a casa | **fosse** biondo<br>**avesse** sonno |
| presente | CREDO CHE LUI | **parli** bene l'inglese<br>**abbia** una macchina | |
| futuro | | **ritorni** domani<br>**trovi** presto un lavoro | |

| linea del tempo | frase principale al passato | frase secondaria con congiuntivo trapassato o imperfetto, o condizionale composto | |
|---|---|---|---|
| trapassato | | **avesse visto** quel film | **fosse stato** al mare |
| passato | CREDEVO CHE LUI | **parlasse** bene l'inglese | **comprasse** una casa |
| presente | | **sarebbe ritornato** oggi | |
| futuro | | **avrebbe cambiato** lavoro | |

# USO DEL CONGIUNTIVO

*Il congiuntivo si usa (quasi esclusivamente) in frasi dipendenti. In particolare si usa dopo questi verbi*

☞ VOLERE CHE
ORDINARE CHE
NON VEDERE L'ORA CHE
DECIDERE CHE

AVERE PAURA CHE
TEMERE CHE
DISPIACERE CHE
ESSERE CONTENTO CHE
NON ESSERE SICURO CHE
DOMANDARE SE

ASPETTARE CHE
SPERARE CHE
DESIDERARE CHE
AUGURARSI CHE

CREDERE CHE
PENSARE CHE
RITENERE CHE
IMMAGINARE CHE
PREFERIRE CHE
CHIEDERE SE

*Si usa dopo le forme impersonali tipo*

☞ È MEGLIO CHE
È GIUSTO CHE
È POSSIBILE CHE
È PROBABILE CHE
SI DICE CHE
SI RACCONTA CHE

OCCORRE CHE
BISOGNA CHE
CONVIENE CHE
SUCCEDE CHE
BASTA CHE

*Si usa dopo queste congiunzioni*

☞ AFFINCHÉ
TRANNE CHE
MALGRADO
A PATTO CHE

PERCHÉ (*finale*)
A MENO CHE
BENCHÉ
COME SE

IN MODO CHE
SEBBENE
PURCHÉ
PRIMA CHE

*Si usa dopo i verbi al condizionale: in questo caso il congiuntivo è imperfetto o trapassato*

☞ Mi **piacerebbe** che tu **fossi** qui
**Vorrei** che tu **avessi visto** quel film
Mi **sarebbe piaciuto** che tu **fossi venuto**

*Si usa nelle frasi comparative*

☞ È **più** bello **di quanto credessi**
È **meno** grande **di quanto immaginassi**

*In molti casi la scelta del congiuntivo o dell'indicativo dipende dallo stile del discorso: in particolare con i verbi CREDERE, PENSARE, DISPIACERE, CHIEDERE (ma anche con altri) la scelta del congiuntivo è legata alla solennità della frase*

☞ Ho incontrato per strada un tale che mi ha chiesto che ora era

Mi hanno chiesto cosa **pensassi** della politica italiana

## PRESENTE CONGIUNTIVO IRREGOLARE

| DOVERE | VOLERE | POTERE | SAPERE | FARE |
|---|---|---|---|---|
| deva/debba | voglia | possa | sappia | faccia |
| deva/debba | voglia | possa | sappia | faccia |
| deva/debba | voglia | possa | sappia | faccia |
| dobbiamo | vogliamo | possiamo | sappiamo | facciamo |
| dobbiate | vogliate | possiate | sappiate | facciate |
| devano/debbano | vogliano | possano | sappiano | facciano |

| STARE | ANDARE | DIRE | DARE | VENIRE |
|---|---|---|---|---|
| stia | vada | dica | dia | venga |
| stia | vada | dica | dia | venga |
| stia | vada | dica | dia | venga |
| stiamo | andiamo | diciamo | diamo | veniamo |
| stiate | andiate | diciate | diate | veniate |
| stiano | vadano | dicano | diano | vengano |

| SEDERSI | SALIRE | BERE | FINIRE | TOGLIERE |
|---|---|---|---|---|
| mi sieda | salga | beva | finisca | tolga |
| ti sieda | salga | beva | finisca | tolga |
| si sieda | salga | beva | finisca | tolga |
| ci sediamo | saliamo | beviamo | finiamo | togliamo |
| vi sediate | saliate | beviate | finiate | togliate |
| si siedano | salgano | bevano | finiscano | tolgano |

## IMPERFETTO CONGIUNTIVO IRREGOLARE

| STARE | DARE | FARE | DIRE | BERE |
|---|---|---|---|---|
| stessi | dessi | facessi | dicessi | bevessi |
| stessi | dessi | facessi | dicessi | bevessi |
| stesse | desse | facesse | dicesse | bevesse |
| stessimo | dessimo | facessimo | dicessimo | bevessimo |
| steste | deste | faceste | diceste | beveste |
| stessero | dessero | facessero | dicessero | bevessero |

## ALTRI USI DEL CONGIUNTIVO

*Con questi verbi si usa il congiuntivo*

| | | |
|---|---|---|
| ACCETTARE | DOMANDARE | PIACERE |
| ASPETTARE | DUBITARE | PREFERIRE |
| ASSICURARE | ESIGERE | PREGARE |
| RACCOMANDARE | AUGURARE | FINGERE |
| CHIEDERE | ILLUDERSI | CREDERE |
| RALLEGRARE | RITENERE | CURARE |
| IMMAGINARE | SOSPETTARE | LASCIARE |
| DESIDERARE | NEGARE | SPERARE |
| DECIDERE | ORDINARE | SUPPORRE |
| DISPIACERE | PENSARE | TEMERE |
| DISPORRE | PERMETTERE | VOLERE |
| PRETENDERE | ESSERE CONTENTO | |

*Con questi verbi si usa l'indicativo*

| | | |
|---|---|---|
| ACCORGERSI | PROMETTERE | SOSTENERE |
| DIMOSTRARE | RISPONDERE | SPIEGARE |
| CONTESTARE | INSEGNARE | SCRIVERE |
| AFFERMARE | SCOPRIRE | GIURARE |
| DICHIARARE | VEDERE | SAPERE |
| RICORDARE | SENTIRE | DIRE |

*Anche i verbi che usano l'indicativo, in forma NEGATIVA, possono prendere il congiuntivo*

**Non dico** che lui **sbagli**, ma potrebbe fare altre cose
**Non ricordo** una volta che tu mi **abbia telefonato**
**Non sapevo** cosa **avesse fatto**

*Se la frase dipendente introdotta da CHE precede la principale, si usa il congiuntivo*

**Che tu sia** una persona onesta l'hai dimostrato
**Che lui sia** partito io posso giurarlo
**Che cosa abbiano risposto** lo so con certezza
**Che cosa avessero fatto** non l'hanno spiegato

*Quando il soggetto della frase principale e della frase dipendente è lo stesso, non si usa il congiuntivo ma l'infinito*

Che fai domani?   **Penso di andare** al mare

Lui ha deciso che loro **partano**
Lui ha deciso di **partire**

Noi abbiamo paura che voi non **capiate**
Noi abbiamo paura di non **capire**

## LE FRASI IPOTETICHE

| | | | | | |
|---|---|---|---|---|---|
| se | ho / avrò | tempo | vado / andrò | al cinema | ☞ *Realtà* |
| se | avessi | tempo | andrei | al cinema | ☞ *Possibilità* |
| se | avessi avuto / avevo | tempo | sarei andata/o / andavo | al cinema | ☞ *Irrealtà* |

*Ci sono tre tipi di frasi ipotetiche:*

| | | |
|---|---|---|
| avendo tempo | vado<br>andrò<br>andrei<br>sarei andata/o<br>andavo | al cinema |

☞ *Se il soggetto dei due verbi della frase ipotetica è lo stesso, si può usare il GERUNDIO al posto di SE + VERBO*

## ALTRI TIPI DI FRASI IPOTETICHE

Se **esci, compra** il giornale!
Se **dovessi** vedere Laura, **salutamela**!
Se **avessi vinto** la lotteria, ora **sarei** felice
Se io **parlassi** l'inglese, **avrei trovato** lavoro

☞ *La frase ipotetica si può fare anche in altri modi*

## LA MEZZA IPOTETICA

È andata così: ma se rinasco...
*sottintendo*: non ripeterò gli stessi errori!

Se tua madre ti sentisse...!
*sottintendo*: chissà cosa direbbe!

Capisco, non puoi aiutarmi. Però, volendo...
*sottintendo*: potresti!

☞ *Qualche volta mezza frase ipotetica si può sottindere perché tutti possono facilmente intuirla*

## USO DEL CONGIUNTIVO ASSOLUTO

*Il congiuntivo si usa in modo assoluto (cioè in frase principale) nei seguenti casi:*

*1) Come imperativo di cortesia (vedi anche scheda pag. 31)*
☞ (Lei) **parli** più lentamente
(Loro) **prendano** posto, prego

*2) Come forma desiderativa (enfaticamente) anche introdotto da "magari"*
☞ Magari **vincessi** a lotto!
Magari **fosse** già domenica!
Ti **venisse** un colpo!
Ah, **potessi** partire subito!

*3) Per esprimere un dubbio o un sospetto in forma interrogativa*
☞ Antonio non è venuto a scuola: che **stia** male?

## IL COMANDO E LA RICHIESTA

|  |  | IMPERATIVO | | |
|---|---|---|---|---|
|  |  | SCUSARE | SCRIVERE | SENTIRE |
| tu | (diretto) | scus-**a** | scriv-**i** | sent-**i** |
| Lei | (cortesia) | scus-**i** | scriv-**a** | sent-**a** |
| noi | (diretto) | scus-**iamo** | scriv-**iamo** | sent-**iamo** |
| voi | (diretto) | scus-**ate** | scriv-**ete** | sent-**ite** |
| Loro | (cortesia) | scus-**ino** | scriv-**ano** | sent-**ano** |

*Un comando o una richiesta si può esprimere anche senza l'uso dell'imperativo.*

*Con il presente di dovere (molto forte)*
☞ **Devi** aprire la finestra

*Con il condizionale di dovere (più gentile)*
☞ **Dovresti** aprire la finestra

*Usando l'interrogativa e il condizionale del verbo o il condizionale di potere*
☞ **Apriresti** la finestra?
**Potresti** aprire la finestra?

*Per dare istruzioni al pubblico (ordini generalizzati e impersonali) si usa l'infinito*
☞ **Leggere** attentamente le istruzioni
Non **gettare** oggetti dal finestrino
**Sorreggersi** agli appositi sostegni

# POSIZIONE DEI POSSESSIVI

### POSSESSIVO + NOME

Questa è la **mia opinione**
La **nostra organizzazione** è perfetta
Ti do il **mio indirizzo**

☞ *Nella lingua formale il possessivo normalmente sta prima del nome*

### NOME + POSSESSIVO

Mi dai la **penna tua**?
È simpatico l'**amico suo**!
La **macchina mia** è vecchia

☞ *Nella lingua colloquiale, (specialmente in Italia centro-meridionale) il possessivo sta spesso dopo il nome e, in questa posizione, ha un valore di particolare enfasi*

### POSSESSIVO + NOME
### (formule cristallizzate)

Vi sentite **a vostro agio**?     **A suo dire** la verità è questa
Questa lettera è **di suo pugno**     Sei **in mio potere**!

☞ *Ci sono forme cristallizzate con possessivo obbligatoriamente prima del nome*

### NOME + POSSESSIVO
### (formule cristallizzate)

È morto: **pace all'anima sua**     È uno che **sa il fatto suo**
La sera tornano **a casa loro**     Non è **colpa nostra**
Fatti gli **affari tuoi**!     **Figlio mio**!

☞ *Ci sono forme cristallizzate dove il possessivo è obbligatoriamente dopo il nome (in particolare nelle espressioni vocative)*

### PROPRIO - SUO

**Si deve** amare il **proprio** paese
**Bisogna** conservare le **proprie** cose

Carlo è uscito con Ugo e **sua** madre (*di chi?*)
Carlo è uscito con Ugo e la **propria** madre (*di Carlo!*)

☞ *PROPRIO = SUO (sempre riferito al soggetto): è necessario in frasi impersonali ed è consigliato in frasi in cui è possibile qualche confusione*

# I PRONOMI RELATIVI

*Il relativo ha due forme: una invariabile (CHE) e una variabile (IL QUALE, LA QUALE, I QUALI, LE QUALI, sempre con articolo)*

**CHE**

**IL QUALE, LA QUALE, I QUALI, LE QUALI**

Ho parlato con persone **che** ti conoscono
Ho parlato con persone **le quali** ti conoscono
La città **che** amo di più al mondo è Madrid

*Se c'è una preposizione, si usa il relativo CUI. La preposizione può anche essere usata nella forma articolata con IL QUALE, LA QUALE, I QUALI, LE QUALI*

La persona **di cui** parlavo non sei tu
La città **da cui** vengo è Roma
Questo è l'ufficio **in cui** lavoro
Ho molte domande, **fra cui** una importante
Questa è una cosa **alla quale** non penso mai

*Qualche volta CHE è usato al posto di IN CUI, con funzione di tempo o di luogo (quasi sempre in espressioni standardizzate)*

Maledetto il giorno **che** ti ho incontrato
Paese **che** vai, usanze che trovi

*La forma A CUI può essere usata anche senza preposizione A (cioè semplicemente CUI)*

La cosa **a cui** pensavo è divertente
La cosa **cui** pensavo è divertente

*La forma DI CUI (con funzione di specificazione) può essere sostituita da un CUI messo fra articolo e nome al quale si riferisce*

Il periodo **di cui** conosco meglio la storia è il Rinascimento
Il periodo **la cui** storia conosco meglio è il Rinascimento

*CHI è un pronome relativo invariabile e singolare. Significa "la persona che" o "le persone che"*

**Chi** ha parlato?
Non so **chi** abbia parlato
Non esco mai **con chi** non mi è simpatico
Dico questo solo **per chi** vuole ascoltare

# DISLOCAZIONI PRONOMINALI

*Non sempre il pronome è una particella al posto di un nome: in molti casi (per enfasi o per precisare) si usa INSIEME CON IL NOME*

### DISLOCAZIONE A SINISTRA OBBLIGATORIA CON LO, LA, LI, LE E CON IL NE PARTITIVO
*(Quando l'oggetto è prima del verbo)*

☞ *Quando il nome sta a sinistra del pronome "pleonastico" parliamo di dislocazione a sinistra*

Quel libro lo compro domani, non oggi
I dolci li mangiavo da bambino!
La macchina l'ho lasciata al parcheggio
Di sigarette ne ho due
La lettera voglio scriverla domani

### DISLOCAZIONE A SINISTRA FACOLTATIVA
*(con gli altri pronomi)*

| | |
|---|---|
| A Ugo telefono domani | A Ugo gli telefono domani |
| A Mara dirò la verità | A Mara le dirò la verità |
| Di sport non parliamo | Di sport non ne parliamo |
| Al mare vado oggi | Al mare ci vado oggi |
| A Lia i soldi non li chiedo | A Lia i soldi non glieli chiedo |
| Di libri a Ugo ne darò due | Di libri a Ugo gliene darò due! |

### DISLOCAZIONE A DESTRA FACOLTATIVA
*(usata specialmente nelle domande fatte in modo colloquiale)*

☞ *Quando il nome sta a destra del pronome pleonastico parliamo di "dislocazione a destra"*

| | |
|---|---|
| Quando lo compri quel libro? | Dove l'hai lasciata la testa? |
| Vuoi scriverla ora questa lettera? | Li mangi ancora i dolci? |
| Ce l'hai una sigaretta? | Quando gli telefoni a Mario? |
| Cosa le dirai a Nicoletta? | Ci vai al mare sabato? |
| Glieli hai chiesti i soldi a tua madre? | |

# VERBI PRONOMINALI

*I verbi pronominali sono verbi che usano regolarmente una o due particelle pronominali*

| | |
|---|---|
| VEDER**CI** | METTER**LA** |
| SENTIR**CI** | SMETTER**LA** |
| METTER**CI** | CAVAR**SELA** |
| VOLER**CI** | LEGAR**SELA** |
| ANDAR**SENE** | PRENDER**SELA** |
| FREGAR**SENE** | PASSAR**SELA** |
| INFISCHIAR**SENE** | BER**SELA** |
| FAR**CELA** | |

*Esempi di forme del presente*

| VEDERCI | METTERLA | ANDARSENE | CAVARSELA | FARCELA |
|---|---|---|---|---|
| ci vedo | la metto | me ne vado | me la cavo | ce la faccio |
| ci vedi | la metti | te ne vai | te la cavi | ce la fai |
| ci vede | la mette | se ne va | se la cava | ce la fa |
| ci vediamo | la mettiamo | ce ne andiamo | ce la caviamo | ce la facciamo |
| ci vedete | la mettete | ve ne andate | ve la cavate | ce la fate |
| ci vedono | la mettono | se ne vanno | se la cavano | ce la fanno |

*Esempi di forme del passato prossimo*

| | | | |
|---|---|---|---|
| **VEDERCI** | ci ho visto | **FREGARSENE** | me ne sono fregata/o |
| **SENTIRCI** | ci ho sentito | **INFISCHIARSENE** | me ne sono infischiata/o |
| **METTERCI** | ci ho messo | **CAVARSELA** | me la sono cavata |
| **VOLERCI** (III pers.) | c'è voluta/o | **LEGARSELA** | me la sono legata |
| **METTERLA** | la ho messa | **PRENDERSELA** | me la sono presa |
| **ANDARSENE** | me ne sono andata/o | **FARCELA** | ce l'ho fatta |

*Esempi di imperativo diretto*

| | | | |
|---|---|---|---|
| **METTERCI** | mettici! | mettiamoci! | metteteci! |
| **METTERLA** | mettila! | mettiamola! | mettetela! |
| **ANDARSENE** | vattene! | andiamocene! | andatevene! |
| **FREGARSENE** | fregatene! | freghiamocene! | fregatevene! |
| **CAVARSELA** | cavatela! | caviamocela! | cavatevela! |
| **PRENDERSELA** | prenditela! | prendiamocela! | prendetevela! |

*Esempi di infinito e gerundio in verbo pronominale riflessivo (con si/se)*

| | |
|---|---|
| non posso andarmene | sto andandomene |
| non puoi andartene | stai andandotene |
| non può andarsene | sta andandosene |
| non possiamo andarcene | stiamo andandocene |
| non potete andarvene | state andandovene |
| non possono andarsene | stanno andandosene |

# USO DEL GERUNDIO

Sto **parlando**
Cosa stavi **facendo**?
Non credo che lei stia **scherzando**

*Il gerundio può esprimere un'azione:*

☞ *progressiva*

**Avendo superato** l'esame, richiedo un certificato
(*Visto che ho superato l'esame, richiedo un certificato*)
**Essendo disoccupato**, ho molto tempo libero
(*Siccome sono disoccupato, ho molto tempo libero*)

☞ *causale*

**Bevendo** dimentico i problemi
(*Quando bevo, dimentico i problemi*)
Lavoro **ascoltando** la radio
(*Lavoro mentre ascolto la radio*)

☞ *temporale*

Ho imparato la lingua **studiandola** da solo
**Comprando** un biglietto della lotteria, puoi diventare ricco

☞ *modale*

**Volendo** si può fare tutto
(*Se si vuole, si può fare tutto*)
Non **rischiando**, non saresti riuscita
(*Se non avessi rischiato, non saresti riuscita*)

☞ *ipotetica*

**Pur mangiando** poco, non riesco a dimagrire
(*Nonostante mangi poco, non riesco a dimagrire*)
**Pur avendo** buone intenzioni, non ho avuto i risultati che speravo
(*Benché avessi buone intenzioni, non ho avuto i risultati che speravo*)

☞ *concessiva (PUR + gerundio)*

Il **reverendo** è un buon prete
Quest'anno i **dividendi** della Fiat non saranno molto alti
Per capire questo libro serve la **legenda**
Non mi piace occuparmi delle **faccende** domestiche

☞ *Il gerundio può essere usato come sostantivo*

# IL PASSATO REMOTO IRREGOLARE

*Il passato remoto ☞ (specialmente dei verbi in -ERE) è spesso irregolare. Irregolari sono la prima, la terza singolare e la terza plurale. Queste tre forme hanno una radice diversa*

**VIVERE**
(radice VISS-)

VISSI
vivesti
VISSE
vivemmo
viveste
VISSERO

**NASCERE**
(radice NACQ-)

NACQUI
nascesti
NACQUE
nascemmo
nasceste
NACQUERO

| | | | | | |
|---|---|---|---|---|---|
| **ACCENDERE** | accesi | **ESISTERE** | esistetti | **RISPONDERE** | risposi |
| **BERE** | bevvi | **ESPRIMERE** | espressi | **ROMPERE** | ruppi |
| **CADERE** | caddi | **FARE** | feci | **SAPERE** | seppi |
| **CHIEDERE** | chiesi | **LEGGERE** | lessi | **SCEGLIERE** | scelsi |
| **CHIUDERE** | chiusi | **METTERE** | misi | **SCRIVERE** | scrissi |
| **CONFONDERE** | confusi | **MUOVERE** | mossi | **SEDERSI** | sedetti |
| **CONOSCERE** | conobbi | **NASCONDERE** | nascosi | **SMETTERE** | smisi |
| **CORRERE** | corsi | **OFFENDERE** | offesi | **SPEGNERE** | spensi |
| **CUOCERE** | cossi (raro) | **PIACERE** | piacqui | **SPENDERE** | spesi |
| **DARE** | diedi | **PIANGERE** | piansi | **STARE** | stetti |
| **DECIDERE** | decisi | **PIOVERE** | piovve | **SUCCEDERE** | successe |
| **DELUDERE** | delusi | **PERDERE** | persi | **TENERE** | tenni |
| **DIFENDERE** | difesi | **PRENDERE** | presi | **TOGLIERE** | tolsi |
| **DIRE** | dissi | **RENDERE** | resi | **UCCIDERE** | uccisi |
| **DISCUTERE** | discussi | **RIDERE** | risi | **VEDERE** | vidi |
| **DIVIDERE** | divisi | **RIMANERE** | rimasi | **VENIRE** | venni |
| **DOVERE** | dovetti | **RISOLVERE** | risolsi | **VOLERE** | volli |

# IL TRAPASSATO REMOTO

*Il trapassato remoto si usa in frasi temporali (introdotte cioè da "dopo che", "quando", ecc.). Esprime un'azione avvenuta prima di un'altra espressa al passato remoto. È il tempo MENO USATO in italiano*

**LEGGERE**

ebbi letto
ebbi letto
ebbe letto
avemmo letto
aveste letto
ebbero letto

**TORNARE**

fui tornata/o
fosti tornata/o
fu tornata/o
fummo tornate/i
foste tornate/i
furono tornate/i

**DIVERTIRSI**

mi fui divertita/o
ti fosti divertita/o
si fu divertita/o
ci fummo divertite/i
vi foste divertite/i
si furono divertite/i

Quando **ebbe finito** di parlare, le risposi
Dopo che lei **fu partita** noi facemmo una festa

# ALTRI TIPI DI CAUSALI

(vedi anche pag. 17)

## POICHÉ

**Poiché** non ho altre possibilità, dovrò partire

Mi rivolgo a Lei **poiché** credo che potrà capirmi

☞ *Oltre che con PERCHÉ, GIACCHÉ, SICCOME, DATO CHE, VISTO CHE, ADESSO CHE, TANTO PIÚ CHE, in italiano scritto la causa si esprime con POICHÉ*

## CHE

Vestiti **che** usciamo!
Svegliati **che** sono le nove!
È meglio riposarci un po', **che** siamo stanchi!

☞ *In italiano parlato il CHE ha un valore causale-consecutivo, ed è usato specialmente dopo un imperativo*

## PERCHÉ (con congiuntivo)

Molti giovani vivono in famiglia **non perché vogliano** stare con i genitori, **ma perché** spesso l'affitto di un appartamento costa troppo

☞ *Il PERCHÉ causale richiede l'uso del congiuntivo se esprime una CAUSA FITTIZIA (NON PERCHÉ + congiuntivo, MA PERCHÉ + indicativo)*

*La frase causale si esprime con:*

## PER - PER IL FATTO DI
### ( + infinito passato )

**Per aver fatto** questo tu sarai punito
Ha sonno **per il fatto di aver dormito** poco

☞ *1) PER (per il fatto di) + l'infinito passato*

## GERUNDIO (presente o passato)

**Conoscendoti**, so che posso fidarmi di te
**Avendo detto** questo ora devi chiedere scusa

☞ *2) il gerundio, presente o passato*

## PARTICIPIO PASSATO

**Finito** il lavoro mi sento molto più tranquillo
**Comprata** la casa non ho più una lira

☞ *3) un participio passato (che ha anche un valore temporale)*

## CORRELAZIONI TRA FRASI

| | |
|---|---|
| *NON SOLO... MA ANCHE...* | **Non solo** mi diverto, **ma** mi pagano **anche** |
| *NON TANTO... QUANTO...* | L'ho fatto **non tanto** per guadagnare, **quanto** perché credo che sia utile |
| *DA UN LATO... DALL'ALTRO...* | **Da un lato** sono contento, **dall'altro** so che si può far di meglio |
| *NON PERCHÉ... MA PERCHÉ... (vedi pag. 51)* | Dico questo **non perché** io abbia un interesse personale, **ma perché** mi sembra giusto |
| *SIA... SIA ...* | **Sia** essendo ricchi, **sia** essendo poveri tutti dovrebbero essere gentili |
| *NÉ... NÉ...* | **Né** chi studia italiano **né** chi studia le lingue in generale può ignorare completamente la grammatica |
| *O... O...* | **O** mangi questa minestra **o** salti questa finestra |
| *E... E...* | **E** quando stai zitto tutti pensano che sei superbo, **e** quando parli sembri arrogante... Insomma che devi fare? |
| *SE È VERO CHE... È ANCHE VERO...* | **Se è vero** che i manuali sono importanti **è anche vero** che gli insegnanti lo sono di più |
| *NON CHE... MA...* | **Non che** io pretenda di aver detto tutto, **ma** secondo me questo basta |

# I VERBI REGOLARI

| IND. PRESENTE | | | IND. FUTURO | | | CONG. PRESENTE | | | IMPERATIVO | | |
|---|---|---|---|---|---|---|---|---|---|---|---|
| -ARE | -ERE | -IRE | -ARE | -ERE | -IRE | -ARE | -ERE | -IRE | -ARE | -ERE | -IRE |
| -o | -o | -o | -erò | -erò | -irò | -i | -a | -a | — | — | — |
| -i | -i | -i | -erai | -erai | -irai | -i | -a | -a | -a | -i | -i |
| -a | -e | -e | -erà | -erà | -irà | -i | -a | -a | -i | -a | -a |
| -iamo | -iamo | -iamo | -eremo | -eremo | -iremo | -iamo | -iamo | -iamo | -iamo | -iamo | -iamo |
| -ate | -ete | -ite | -erete | -erete | -irete | -iate | -iate | -iate | -ate | -ete | -ite |
| -ano | -ono | -ono | -eranno | -eranno | -iranno | -ino | -ano | -ano | -ino | -ano | -ano |

| IND. IMPERFETTO | | | IND. PAS. REMOTO | | | CONG. IMPERFETTO | | | CONDIZ. PRESENTE | | |
|---|---|---|---|---|---|---|---|---|---|---|---|
| -ARE | -ERE | -IRE | -ARE | -ERE | -IRE | -ARE | -ERE | -IRE | ARE | -ERE | -IRE |
| -avo | -evo | -ivo | -ai | -ei | -ii | -assi | -essi | -issi | -erei | -erei | -irei |
| -avi | -evi | -ivi | -asti | -esti | -isti | -assi | -essi | -issi | -eresti | -eresti | -iresti |
| -ava | -eva | -iva | -ò | -é | -ì | -asse | -esse | -isse | -erebbe | -erebbe | -irebbe |
| -avamo | -evamo | -ivamo | -ammo | -emmo | -immo | -assimo | -essimo | -issimo | -eremmo | -eremmo | -iremmo |
| -avate | -evate | -ivate | -aste | -este | -iste | -aste | -este | -iste | -ereste | -ereste | -ireste |
| -avano | -evano | -ivano | -arono | -erono | -irono | -assero | -essero | -issero | -erebbero | -erebbero | -irebbero |

# I VERBI IRREGOLARI

La lista comprende gran parte dei verbi irregolari più frequenti nella lingua italiana. Vicino ad ogni verbo un numero tra parentesi indica il grado di frequenza come compare nel Lessico di frequenza dell'italiano parlato (De Mauro, Mancini, Vedovelli, Voghera, 1993). Il numero (1) significa che il lemma è molto usato, con una frequenza compresa fra 1 e 1000, il (2) fra 1000 e 2000, e il (3) oltre le 2000.
A fianco dell'Infinito del verbo compare la prima persona del passato prossimo (o la terza nel caso di verbi che non dispongono della prima): in tal modo si suggerisce immediatamente sia l'ausiliare che la forma del participio passato. Subito dopo, fra parentesi, può essere indicata la preposizione che più facilmente accompagna il verbo, seguita dalle sigle qn, qc, ql (qualcuno, qualche cosa, qualche luogo): per esempio "andare", IN/A ql, DA qn.
Successivamente sono indicati tutti i tempi verbali che presentano irregolarità di coniugazione. Qualora il verbo irregolare appartenga a una "famiglia" di verbi (per es: accendere, dipendere, offendere, prendere, scendere), invece delle forme irregolari si troverà un rimando alla coniugazione del verbo più frequente all'interno della famiglia (per es: accendere, dipendere, offendere e scendere hanno un rimando al verbo "capofamiglia" prendere).
Non sono considerati verbi irregolari quelli della terza coniugazione in -isco, i quali sono stati tuttavia catalogati in una lista a parte (pag. 62).

```
ACCADERE       (2)  - è accaduto              (A qn)              Vedi CADERE
ACCENDERE      (2)  - ho acceso                                   Vedi PRENDERE
ACCOGLIERE     (2)  - ho accolto                                  Vedi TOGLIERE
ACCORGERSI     (1)  - mi sono accorta/o       (DI)
ind pr:      mi accorgo, ti accorgi
ind pas rem: mi accorsi, ti accorgesti, si accorse, ci accorgemmo, vi accorgeste, si accorsero
AGGIUNGERE     (1)  - ho aggiunto             (A qc)              Vedi GIUNGERE
AMMETTERE      (2)  - ho ammesso                                  Vedi METTERE
ANDARE         (1)  - sono andata/o           (A ql, IN ql, DA qn)
ind pr:      vado, vai, va, andiamo, andate, vanno
ind fut:     andrò, andrai, andrà, andremo, andrete, andranno
```

| | | | |
|---|---|---|---|
| cong pr: | vada, vada, vada, andiamo, andiate, vadano | | |
| condiz pr: | andrei, andresti, andrebbe, andremmo, andreste, andrebbero | | |
| imperat: | va', vada, andiamo, andate, vadano | | |
| APPARIRE | (2) - sono apparsa/o | (A qn) | |
| ind pr: | appaio, appari, appare, appariamo, apparite, appaiono | | |
| cong pr: | appaia, appaia, appaia, appaiamo, appaiate, appaiano | | |
| APPARTENERE | (2) - sono appartenuta/o | (a qn/qc) | |
| APRIRE | (1) - ho aperto | | |
| ASSISTERE | (2) - ho assistito | (a qc) | Vedi ESISTERE |
| ASSOLVERE | (3) - ho assolto | | Vedi RISOLVERE |
| ASSUMERE | (2) - ho assunto | | |
| ind pas rem: | assunsi, assumesti, assunse, assumemmo, assumeste, assunsero | | |
| ATTENDERE | (3) - ho atteso | | Vedi PRENDERE |
| AVERE | (1) - ho avuto | | |
| ind pr: | ho, hai, ha, abbiamo, avete, hanno | | |
| ind pas rem: | ebbi, avesti, ebbe, avemmo, aveste, ebbero | | |
| ind fut: | avrò, avrai, avrà, avremo, avrete, avranno | | |
| cong pr: | abbia, abbia, abbia, abbiamo, abbiate, abbiano | | |
| condiz pr: | avrei, avresti, avrebbe, avremmo, avreste, avrebbero | | |
| imperat: | abbi, abbia, abbiamo, abbiate, abbiano | | |
| AVVENIRE | (1) - è avvenuto | | Vedi VENIRE |
| BERE | (1) - ho bevuto | | |
| ind pr: | bevo, bevi, beve, beviamo, bevete, bevono | | |
| ind imp: | bevevo, bevevi, beveva, bevevamo, bevevate, bevevano | | |
| ind pas rem: | bevvi, bevesti, bevve, bevemmo, beveste, bevvero | | |
| ind fut: | berrò, berrai, berrà, berremo, berrete, berranno | | |
| cong pr: | beva, beva, beva, beviamo, beviate, bevano | | |
| condiz pr: | berrei, berresti, berrebbe, berremmo, berreste, berrebbero | | |
| imperat: | bevi, beva, beviamo, bevete, bevano | | |
| CADERE | (1) - sono caduta/o | (DA ql A,SU,IN ql) | |
| ind pas rem: | caddi, cadesti, cadde, cademmo, cadeste, caddero | | |
| ind fut: | cadrò, cadrai, cadrà, cadremo, cadrete, cadranno | | |
| condiz pr: | cadrei, cadresti, cadrebbe, cadremmo, cadreste, cadrebbero | | |
| CHIEDERE | (1) - ho chiesto | (A qn) | |
| ind pas rem: | chiesi, chiedesti, chiese, chiedemmo, chiedeste, chiesero | | |
| CHIUDERE | (1) - ho chiuso | | |
| ind pas rem: | chiusi, chiudesti, chiuse, chiudemmo, chiudeste, chiusero | | |
| COGLIERE | (2) - ho colto | | Vedi TOGLIERE |
| COMMETTERE | (3) - ho commesso | | Vedi METTERE |
| COMMUOVERSI | (3) - mi sono commossa/o | | Vedi MUOVERE |
| COMPARIRE | (3) - sono comparsa/o | (A qn) | Vedi APPARIRE |
| COMPIERE | (2) - ho compiuto | | |
| ind pr: | compio, compi, compie, compiamo, compite, compiono | | |
| ind imp: | compivo, compivi, compiva, compivamo, compivate, compivano | | |
| ind pas rem: | compii, compisti, compì, compimmo, compiste, compirono | | |
| ind fut: | compirò, compirai, compirà, compiremo, compirete, compiranno | | |
| cong pr: | compia, compia, compia, compiamo, compiate, compiano | | |
| condiz pr: | compirei, compiresti, compirebbe, compiremmo, compireste, compirebbero | | |
| imperat: | compi, compia, compiamo, compite, compiano | | |

| | | | |
|---|---|---|---|
| COMPORRE | (2) - ho composto | | Vedi PORRE |
| COMPRENDERE | (1) - ho compreso | | Vedi PRENDERE |
| CONCEDERE | (2) - ho concesso | (A qn) | |

ind pas rem: concessi, concedesti, concesse, concedemmo, concedeste, concessero

| | | | |
|---|---|---|---|
| CONCLUDERE | (1) - ho concluso | | Vedi CHIUDERE |
| CONCORRERE | (3) - ho concorso | (A qc) | Vedi CORRERE |
| CONDIVIDERE | (2) - ho condiviso | (CON qn) | Vedi RIDERE |
| CONDURRE | (2) - ho condotto | | Vedi TRADURRE |
| CONFONDERE | (2) - ho confuso | | |

ind pas rem: confusi, confondesti, confuse, confondemmo, confondeste, confusero

CONOSCERE         (1) - ho conosciuto

ind pas rem: conobbi, conoscesti, conobbe, conoscemmo, conosceste, conobbero

| | | | |
|---|---|---|---|
| CONTENERE | (2) - ho contenuto | | Vedi TENERE |
| CONVENIRE | (2) - è convenuto | (A qn) | Vedi VENIRE |
| CONVINCERE | (2) - ho convinto | | Vedi VINCERE |
| COPRIRE | (2) - ho coperto | | Vedi APRIRE |
| CORREGGERE | (2) - ho corretto | | Vedi LEGGERE |
| CORRERE | (1) - ho corso | (ma: sono corsa/o + A, IN, ql o DA qn) | |

ind pas rem: corsi, corresti, corse, corremmo, correste, corsero

| | | | |
|---|---|---|---|
| CORRISPONDERE | (2) - ho corrisposto | (A qc) | Vedi RISPONDERE |
| CORROMPERE | (3) - ho corrotto | | Vedi ROMPERE |
| COSTRINGERE | (2) - ho costretto | (A+infinito) | Vedi STRINGERE |
| CRESCERE | (1) - sono cresciuta/o | (ma: ho cresciuto qn o qc) | |

ind pas rem: crebbi, crescesti, crebbe, crescemmo, cresceste, crebbero

| | | | |
|---|---|---|---|
| DARE | (1) - ho dato | (A qn) | |

ind pr: do, dai, dà, diamo, date, danno
ind imp: davo, davi, dava, davamo, davate, davano
ind pas rem: diedi, desti, diede, demmo, deste, diedero
ind fut: darò, darai, darà, daremo, darete, daranno
cong pr: dia, dia, dia, diamo, diate, diano
con imp: dessi, dessi, desse, dessimo, deste, dessero
condiz pr: darei, daresti, darebbe, daremmo, dareste, darebbero
imperat: da', dia, diamo, date, diano

| | | | |
|---|---|---|---|
| DECIDERE | (1) - ho deciso | (DI+infinito) | Vedi RIDERE |
| DEDURRE | (3) - ho dedotto | | Vedi TRADURRE |
| DELUDERE | (3) - ho deluso | | Vedi CHIUDERE |
| DESCRIVERE | (2) - ho descritto | | Vedi SCRIVERE |
| DIFENDERE | (2) - ho difeso | | Vedi PRENDERE |
| DIFFONDERE | (3) - ho diffuso | | Vedi CONFONDERE |
| DIPENDERE | (1) - sono dipesa/o | (DA qn/qc) | Vedi PRENDERE |
| DIPINGERE | (3) - ho dipinto | | Vedi SPINGERE |
| DIRE | (1) - ho detto | (A qn) | |

ind pr: dico, dici, dice, diciamo, dite, dicono
ind imp: dicevo, dicevi, diceva, dicevamo, dicevate, dicevano
ind pas rem: dissi, dicesti, disse, dicemmo, diceste, dissero
ind fut: dirò, dirai, dirà, diremo, direte, diranno
cong pr: dica, dica, dica, diciamo, diciate, dicano
cong imp: dicessi, dicessi, dicesse, dicessimo, diceste, dicessero
condiz pr: direi, diresti, direbbe, diremmo, direste, direbbero
imperat: di', dica, diciamo, dite, dicano

| | | | | |
|---|---|---|---|---|
| DIRIGERE | (2) | - ho diretto | | |

ind pas rem: diressi, dirigesti, diresse, dirigemmo, dirigeste, diressero
DISCENDERE    (3)    - ho disceso   (ma sono discesa/o DA qc)    Vedi PRENDERE
DISCUTERE    (1)    - ho discusso        (con qn, SU/DI qc)

ind pas rem: discussi, discutesti, discusse, discutemmo, discuteste, discussero
DISPIACERE    (1)    - è dispiaciuto        (A qn)    Vedi PIACERE
DISPORRE    (3)    - ho disposto        Vedi PORRE
DISTINGUERE    (3)    - ho distinto        (DA qc)

ind pas rem: distinsi, distinguesti, distinse, distinguemmo, distingueste, distinsero
DISTRUGGERE    (1)    - ho distrutto

ind pas rem: distrussi, distruggesti, distrusse, distruggemmo, distruggeste, distrussero
DIVENIRE    (3)    - sono divenuto        Vedi VENIRE
DIVIDERE    (1)    - ho diviso        Vedi RIDERE
DOVERE    (1)    - ho dovuto (ma: sono dovuta/o + INFINITO di verbo con ausiliare "essere")
ind pr:    devo, devi, deve, dobbiamo, dovete, devono
ind fut:    dovrò, dovrai, dovrà, dovremo, dovrete, dovranno
cong pr:    debba, debba, debba, dobbiamo, dobbiate, debbano
condiz pr:    dovrei, dovresti, dovrebbe, dovremmo, dovreste, dovrebbero
imperat:    (ASSENTE)
ELEGGERE    (3)    - ho eletto        Vedi LEGGERE
EMERGERE    (2)    - sono emersa/o        (DA qc)

ind pas rem: emersi, emergesti, emerse, emergemmo, emergeste, emersero
ESCLUDERE    (2)    - ho escluso        (DA qc)    Vedi CHIUDERE
ESISTERE    (1)    - sono esistita/o
ESPORRE    (3)    - ho esposto        (A qn)    Vedi PORRE
ESPRIMERE    (1)    - ho espresso

ind pas rem: espressi, esprimesti, espresse, esprimemmo, esprimeste, espressero
ESSERE    (1)    - sono stata/o
ind pr:    sono, sei, è, siamo, siete, sono
ind imp:    ero, eri, era, eravamo, eravate, erano
ind pas rem:    fui, fosti, fu, fummo, foste, furono
ind fut:    sarò, sarai, sarà saremo, sarete, saranno
cong pr:    sia, sia, sia, siamo, siate, siano
condiz pr:    sarei, saresti, sarebbe, saremmo, sareste, sarebbero
imperat:    sii, sia, siamo, siate, siano
gerundio:    essendo
ESTENDERE (3)        - ho esteso        Vedi PRENDERE
ESTRARRE    (3)        - ho estratto    (DA ql)    Vedi TRARRE
FARE    (1)        - ho fatto
ind pr:    faccio, fai, fa, facciamo, fate, fanno
ind imp:    facevo, facevi, faceva, facevamo, facevate, facevano
ind pas rem:    feci, facesti, fece, facemmo, faceste, fecero
ind fut:    farò, farai, farà, faremo, farete, faranno
cong pr:    faccia, faccia, faccia, facciamo, facciate, facciano
cong imp:    facessi, facessi, facesse, facessimo, faceste, facessero
condiz pr:    farei, faresti, farebbe, faremmo, fareste, farebbero
imperat:    fa', faccia, facciamo, fate, facciano
gerundio:    facendo
FINGERE    (3)    - ho finto        (DI + infinito)    Vedi SPINGERE
FONDERE    (3)    - ho fuso        Vedi CONFONDERE

| | | | | |
|---|---|---|---|---|
| GIACERE | (3) | - ho giaciuto | (CON qn; IN ql) | Vedi PIACERE |
| GIUNGERE | (2) | - sono giunta/o | (A, IN ql; DA qn) | |

ind pas rem: giunsi, giungesti, giunse, giungemmo, giungeste, giunsero

| | | | | |
|---|---|---|---|---|
| ILLUDERE | (3) | - ho illuso | | Vedi CHIUDERE |
| IMPORRE | (3) | - ho imposto | (DI+infinito; A qn) | Vedi PORRE |
| IMPRIMERE | (3) | - ho impresso | (IN, SU ql) | Vedi ESPRIMERE |
| INCIDERE | (2) | - ho inciso | (IN, SU ql) | Vedi RIDERE |
| INCLUDERE | (3) | - ho incluso | (IN qc) | Vedi CHIUDERE |
| INDURRE | (3) | - ho indotto | | Vedi TRADURRE |
| INSISTERE | (2) | - ho insistito | (PER+infinito; SU qc) | Vedi ESISTERE |
| INTENDERE | (1) | - ho inteso | | Vedi PRENDERE |
| INTERROMPERE | (2) | - ho interrotto | | Vedi ROMPERE |
| INTERVENIRE (1) | | - sono intervenuta/o | (IN, SU qc) | Vedi VENIRE |
| INTRODURRE | (2) | - ho introdotto | (IN ql) | Vedi TRADURRE |
| ISCRIVERE | (2) | - ho iscritto | | Vedi SCRIVERE |
| LEGGERE | (1) | - ho letto | | |

ind pas rem: lessi, leggesti, lesse, leggemmo, leggeste, lessero

| | | | | |
|---|---|---|---|---|
| MALEDIRE | (3) | - ho maledetto | | Vedi DIRE |
| MANTENERE | (1) | - ho mantenuto | | Vedi TENERE |
| METTERE | (1) | - ho messo | | |

ind pas rem: misi, mettesti, mise, mettemmo, metteste, misero

| | | | | |
|---|---|---|---|---|
| MORDERE | (3) | - ho morso | | Vedi PERDERE |
| MORIRE | (1) | - sono morta/o | | |

ind pr: muoio, muori, muore, moriamo, morite, muoiono
cong pr: muoia, muoia, muoia, moriamo, moriate, muoiano
imperat: muori, muoia, moriamo, morite, muoiano

| | | | | |
|---|---|---|---|---|
| MUOVERE | (1) | - ho mosso | | |
| NASCERE | (1) | - sono nata/o | | |

ind pas rem: nacqui, nascesti, nacque, nascemmo, nasceste, nacquero

| | | | | |
|---|---|---|---|---|
| NASCONDERE | (2) | - ho nascosto | | Vedi RISPONDERE |
| OCCORRERE | (1) | - è occorsa/o | (A qn) | Vedi CORRERE |
| OFFENDERE | (3) | - ho offeso | | Vedi PRENDERE |
| OFFRIRE | (1) | - ho offerto | (A qn) | Vedi APRIRE |
| OTTENERE | (1) | - ho ottenuto | | Vedi TENERE |
| PARERE | (2) | - sono parsa/o | (A qn) | |

ind pr: paio, pari, pare, pariamo, parete, paiono
ind pas rem: parvi, paresti, parve, paremmo, pareste, parvero
ind fut: parrò, parrai, parrà, parremo, parrete, parranno
cong pr: paia, paia, paia, pariamo, pariate, paiano
condiz pr: parrei, parresti, parrebbe, parremmo, parreste, parrebbero

| | | | | |
|---|---|---|---|---|
| PERDERE | (1) | - ho perso/perduto | | |

ind pas rem: persi, perdesti, perse, perdemmo, perdeste, persero

| | | | | |
|---|---|---|---|---|
| PERMETTERE | (1) | - ho permesso | (A qn; DI+infinito) | Vedi METTERE |
| PIACERE | (1) | - sono piaciuta/o | (A qn) | |

ind pr: piaccio, piaci, piace, piacciamo, piacete, piacciono
ind pas rem: piacqui, piacesti, piacque, piacemmo, piaceste, piacquero
cong pr: piaccia, piaccia, piaccia, piacciamo, piacciate, piacciano

| | | | | |
|---|---|---|---|---|
| PIANGERE | (2) | - ho pianto | | |

ind pas rem: piansi, piangesti, pianse, piangemmo, piangeste, piansero

| | | | | |
|---|---|---|---|---|
| PORGERE | (3) | - ho porto | (A qn) | Vedi ACCORGERSI |

| | | | |
|---|---|---|---|
| PORRE | (1) - ho posto | (SU, IN ql) | |

ind pr: pongo, poni, pone, poniamo, ponete, pongono
ind imp: ponevo, ponevi, poneva, ponevamo, ponevate, ponevano
ind pas rem: posi, ponesti, pose, ponemmo, poneste, posero
ind fut: porrò, porrai, porrà, porremo, porrete, porranno
cong pr: ponga, ponga, ponga, poniamo, poniate, pongano
cong imp: ponessi, ponessi, ponesse, ponessimo, poneste, ponessero
condiz pr: porrei, porresti, porrebbe, porremmo, porreste, porrebbero
imperat: poni, ponga, poniamo, ponete, pongano
gerundio: ponendo

| | | | |
|---|---|---|---|
| POSSEDERE | (3) - ho posseduto | | Vedi SEDERSI |
| POTERE | (1) - ho potuto (ma: sono potuta/o + INFINITO di verbo con ausiliare "essere") | | |

ind pr: posso, puoi, può, possiamo, potete, possono
ind fut: potrò, potrai, potrà, potremo, potrete, potranno
cong pr: possa, possa, possa, possiamo, possiate, possano
condiz pr: potrei, potresti, potrebbe, potremmo, potreste, potrebbero
imperat: (possa, possa, possiamo, possiate, possano)

| | | | |
|---|---|---|---|
| PREDISPORRE | (3) - ho predisposto | | Vedi PORRE |
| PREMETTERE | (3) - ho premesso | (A qn) | Vedi METTERE |
| PRENDERE | (1) - ho preso | (A qn, DA qn/qc) | |

ind pas rem: presi, prendesti, prese, prendemmo, prendeste, presero

| | | | |
|---|---|---|---|
| PRESCRIVERE | (3) - ho prescritto | (A qn) | Vedi SCRIVERE |
| PRESUMERE | (3) - ho presunto | | Vedi ASSUMERE |
| PRETENDERE | (2) - ho preteso | (DA qn) | Vedi PRENDERE |
| PREVEDERE | (1) - ho previsto | | Vedi VEDERE |
| PRODURRE | (1) - ho prodotto | | Vedi TRADURRE |
| PROMETTERE | (3) - ho promesso | (A qn; DI+infinito) | Vedi METTERE |
| PROMUOVERE | (3) - ho promosso | | Vedi MUOVERE |
| PROPORRE | (1) - ho proposto | (A qn) | Vedi PORRE |
| PROTEGGERE | (3) - ho protetto | | Vedi LEGGERE |
| PROVENIRE | (3) - sono provenuta/o | (DA ql) | Vedi VENIRE |
| PROVVEDERE | (2) - ho provveduto | | Vedi VEDERE |
| RACCOGLIERE | (1) - ho raccolto | | Vedi TOGLIERE |
| RAGGIUNGERE | (2) - ho raggiunto | | Vedi GIUNGERE |
| RENDERE | (1) - ho reso | (A qn) | Vedi PRENDERE |
| RESISTERE | (3) - ho resistito | (A qc) | Vedi ESISTERE |
| RESPINGERE | (3) - ho respinto | | Vedi SPINGERE |
| RICHIEDERE | (1) - ho richiesto | (A qn) | Vedi CHIEDERE |
| RICONOSCERE | (1) - ho riconosciuto | | Vedi CONOSCERE |
| RICOPRIRE | (3) - ho ricoperto | | Vedi APRIRE |
| RIDERE | (1) - ho riso | (DI qn/qc; SU qc) | |

ind pas rem: risi, ridesti, rise, ridemmo, rideste, risero

| | | | |
|---|---|---|---|
| RIDURRE | (2) - ho ridotto | | Vedi TRADURRE |
| RIFLETTERE | (2) - ho riflesso nel senso di "pensare" è regolare (passato prossimo: ho riflettuto). nel senso di "rispecchiare" è irregolare | | |

ind pas rem: riflessi, riflettesti, riflesse, riflettemmo rifletteste, riflessero

| | | | |
|---|---|---|---|
| RIMETTERE | (2) - ho rimesso | (A qn) | Vedi METTERE |
| RIMPIANGERE | (3) - ho rimpianto | | Vedi PIANGERE |
| RIPRENDERE | (1) - ho ripreso | | Vedi PRENDERE |
| RISALIRE | (2) - ho risalito (qc);(ma: sono salita/o + A, DA, IN, SU qc/qn) | | Vedi SALIRE |

| | | | |
|---|---|---|---|
| RISOLVERE | (1) | - ho risolto | |

ind pas rem: risolsi, risolvesti, risolse, risolvemmo, risolveste, risolsero

| | | | | |
|---|---|---|---|---|
| RISPONDERE | (1) | - ho risposto | (A qn/qc) | |

ind pas rem: risposi, rispondesti, rispose, rispondemmo, rispondeste, risposero

| | | | | |
|---|---|---|---|---|
| RITENERE | (1) | - ho ritenuto | | Vedi TENERE |
| RIUSCIRE | (1) | - sono riuscita/o | (A+infinito; IN qc) | Vedi USCIRE |
| RIVEDERE | (1) | - ho rivisto | | Vedi VEDERE |
| RIVOLGERE | (2) | - ho rivolto | | Vedi VOLGERE |
| ROMPERE | (1) | - ho rotto | | |

ind pas rem: ruppi, rompesti, ruppe, rompemmo, rompeste, ruppero

| | | |
|---|---|---|
| SALIRE | (2) | - ho salito (qc);(ma: sono salita/o + A, DA, IN, SU qc/qn) |
| ind pr: | salgo, sali, sale, saliamo, salite, salgono | |
| cong pr: | salga, salga, salga, saliamo, salite, salgano | |
| imperat: | sali, salga, saliamo, salite, salgano | |
| SAPERE | (1) | - ho saputo |
| ind pr: | so, sai, sa, sappiamo, sapete, sanno | |
| ind pas rem: | seppi, sapesti, seppe, sapemmo, sapeste, seppero | |
| ind fut: | saprò, saprai, saprà, sapremo, saprete, sapranno | |
| cong pr: | sappia, sappia, sappia, sappiamo, sappiate, sappiano | |
| condiz pr: | saprei, sapresti, saprebbe, sapremmo, sapreste, saprebbero | |
| imperat: | sappia, sappia, sappiamo, sappiate, sappiano | |

| | | | | |
|---|---|---|---|---|
| SCADERE | (3) | - sono scaduta/o | | Vedi CADERE |
| SCEGLIERE | (1) | - ho scelto | | Vedi TOGLIERE |
| SCENDERE | (1) | - ho sceso (ma: sono scesa/o DA qc) | | Vedi PRENDERE |
| SCIOGLIERE | (2) | - ho sciolto | | Vedi TOGLIERE |
| SCOMPARIRE | (2) | - sono scomparsa/o | (DA ql) | Vedi APPARIRE |
| SCONVOLGERE | (3) | - ho sconvolto | | Vedi VOLGERE |
| SCOPRIRE | (1) | - ho scoperto | | Vedi APRIRE |
| SCORRERE | (3) | - ho scorso | | Vedi CORRERE |
| SCRIVERE | (1) | - ho scritto | (A qn) | |

ind pas rem: scrissi, scrivesti, scrisse, scrivemmo, scriveste, scrissero

| | | |
|---|---|---|
| SEDERSI | (2) | - mi sono seduta/o    (A, IN, SU qc) |
| ind pr: | mi siedo, ti siedi, si siede, ci sediamo, vi sedete, si siedono | |
| ind pas rem: | mi sedetti, ti sedesti, si sedette, ci sedemmo, vi sedeste, si sedettero | |
| cong pr: | mi sieda, ti sieda, si sieda, ci sediamo, vi sediate, si siedano | |
| imperat: | siediti, si sieda, sediamoci, sedetevi, si siedano | |

| | | | | |
|---|---|---|---|---|
| SEDURRE | (3) | - ho sedotto | | Vedi TRADURRE |
| SMETTERE | (1) | - ho smesso | (DI+infinito) | Vedi METTERE |
| SMUOVERE | (3) | - ho smosso | | Vedi MUOVERE |
| SODDISFARE | (3) | - ho soddisfatto | | Vedi FARE |
| SOFFRIRE | (2) | - ho sofferto | (DI qc; PER qn/qn) | Vedi APRIRE |
| SOPRAVVIVERE | (2) | - sono sopravvissuta/o | (A qc) | Vedi VIVERE |
| SORGERE | (2) | - sono sorta/o | | Vedi ACCORGERSI |
| SORRIDERE | (3) | - ho sorriso | (A qn; PER qc) | Vedi RIDERE |
| SOSPENDERE | (3) | - ho sospeso | | Vedi PRENDERE |
| SOSTENERE | (2) | - ho sostenuto | | Vedi TENERE |
| SOTTOMETTERE | (3) | - ho sottomesso | | Vedi METTERE |
| SOTTOPORRE | (3) | - ho sottoposto | (A qn/qc) | Vedi PORRE |
| SOTTRARRE | (3) | - ho sottratto | (A qn; DA qc) | Vedi TRARRE |

| | | | |
|---|---|---|---|
| SPEGNERE | (2) - ho spento | | |

SPEGNERE        (2)  - ho spento
ind pr:          spengo, spegni, spegne, spegniamo, spegnete, spengono
ind pas rem:     spensi, spegnesti, spense, spegnemmo, spegneste, spensero
cong pr:         spenga, spenga, spenga, spegniamo, spegniate, spengano
imperat:         spegni, spenga, spegniamo, spegnete, spengano
SPENDERE        (1)  - ho speso                                  Vedi PRENDERE
SPINGERE        (2)  - ho spinto            (A+infinito)
ind pas rem:     spinsi, spingesti, spinse, spingemmo, spingeste, spinsero
STARE           (1)  - sono stata/o         (IN, A ql; DA qn)
ind pr:          sto, stai, sta, stiamo, state, stanno
ind pas rem:     stetti, stesti, stette, stemmo, steste, stettero
ind fut:         starò, starai, starà, staremo, starete, staranno
cong pr:         stia, stia, stia, stiamo, stiate, stiano
cong imp:        stessi, stessi, stesse, stessimo, steste, stessero
condiz pr:       starei, staresti, starebbe, staremmo, stareste, starebbero
imperat:         sta', stia, stiamo, state, stiano
gerundio:        stando
STENDERE        (3)  - ho steso                                  Vedi PRENDERE
STRINGERE       (3)  - ho stretto
ind pas rem:     strinsi, stringesti, strinse, stringemmo, stringeste, strinsero

SUCCEDERE       (1)  - è successo           (A qn)               Vedi CONCEDERE
SUPPORRE        (2)  - ho supposto                               Vedi PORRE
SVOLGERE        (1)  - ho svolto                                 Vedi VOLGERE
TACERE          (3)  - ho taciuto                                Vedi PIACERE
TENDERE         (1)  - ho teso                                   Vedi PRENDERE
TENERE          (1)  - ho tenuto
ind pr:          tengo, tieni, tiene, teniamo, tenete, tengono
ind pas rem:     tenni, tenesti, tenne, tenemmo, teneste, tennero
ind fut:         terrò, terrai, terrà, terremo, terrete, terranno
cong pr:         tenga, tenga, tenga, teniamo, teniate, tengano
condiz pr:       terrei, terresti, terrebbe, terremmo, terreste, terrebbero
imperat:         tieni, tenga, teniamo, tenete, tengano

TINGERE         (3)  - ho tinto                                  Vedi SPINGERE
TOGLIERE        (1)  - ho tolto             (A qn; DA qc/ql)
ind pr:          tolgo, togli, toglie, togliamo, togliete, tolgono
ind pas rem:     tolsi, togliesti, tolse, togliemmo, toglieste, tolsero
cong pr:         tolga, tolga, tolga, togliamo, togliate, tolgano
imperat:         togli, tolga, togliamo, togliete, tolgano
TRADURRE        (2)  - ho tradotto          (DA una lingua IN un'altra lingua)
ind pr:          traduco, traduci, traduce, traduciamo, traducete, traducono
ind imp:         traducevo, traducevi, traduceva, traducevamo, traducevate, traducevano
ind pas rem:     tradussi, traducesti, tradusse, traducemmo, traduceste, tradussero
ind fut:         tradurrò, tradurrai, tradurrà, tradurremo, tradurrete, tradurranno
cong pr:         traduca, traduca, traduca, traduciamo, traduciate, traducano
cong imp:        traducessi, traducessi, traducesse, traducessimo, traduceste, traducessero
condiz pr:       tradurrei, tradurresti, tradurrebbe, tradurremmo, tradurreste, tradurrebbero
imperat:         traduci, traduca, traduciamo, traducete, traducano
gerundio         traducendo

| | | | |
|---|---|---|---|
| TRARRE | (1) - ho tratto | | |

TRARRE            (1)  - ho tratto
ind pr:           traggo, trai, trae, traiamo, traete, traggono
ind imp:          traevo, traevi, traeva, traevamo, traevate, traevano
ind pas rem:      trassi, traesti, trasse, traemmo, traeste, trassero
ind fut:          trarrò, trarrai, trarrà, trarremo, trarrete, trarranno
cong pr:          tragga, tragga, tragga, traiamo, traiate, traggano
cong imp:         traessi, traessi traesse, traessimo, traeste, traessero
condiz pr:        trarrei, trarresti, trarrebbe, trarremmo, trarreste, trarrebbero
imperat:          trai, tragga, traiamo, traete, traggano
gerundio          traendo

TRASMETTERE       (2) - ho trasmesso      (A qn; DA, IN ql)      Vedi METTERE
TRATTENERE        (2) - ho trattenuto                            Vedi TENERE
UCCIDERE          (1) - ho ucciso                                Vedi RIDERE
UDIRE             (3) - ho udito
ind pr:           odo, odi, ode, udiamo, udite, odono
cong pr:          oda, oda, oda, udiamo, udiate, odano
imperat:          odi, oda, udiamo, udite, odano
USCIRE            (1) sono uscita/o              (DA ql; DI ql)
ind pr:           esco, esci, esce, usciamo, uscite, escono
cong pr:          esca, esca, esca, usciamo, usciate, escano
imperat:          esci, esca, usciamo, uscite, escano
VALERE            (1) - sono valsa/o
ind pr:           valgo, vali, vale, valiamo, valete, valgono
ind pas rem:      valsi, valesti, valse, valemmo, valeste, valsero
ind fut:          varrò, varrai, varrà, varremo, varrete, varranno
cong pr:          valga, valga, valga, valiamo, valiate, valgano
condiz pr:        varrei, varresti, varrebbe, varremmo, varreste, varrebbero
VEDERE            (1) - ho visto/veduto
ind pas rem:      vidi, vedesti, vide, vedemmo, vedeste, videro
ind fut:          vedrò, vedrai, vedrà, vedremo, vedrete, vedranno
condiz pr:        vedrei, vedresti, vedrebbe, vedremmo, vedreste, vedrebbero
VENIRE            (1) - sono venuta/o       (A, IN, ql; DA qn; DA ql)
ind pr:           vengo, vieni, viene, veniamo, venite, vengono
ind pas rem:      venni, venisti, venne, venimmo, veniste, vennero
ind fut:          verrò, verrai, verrà, verremo, verrete, verranno
cong pr:          venga, venga, venga, veniamo, veniate, vengano
condiz pr:        verrei, verresti, verrebbe, verremmo, verreste, verrebbero
imperat:          vieni, venga, veniamo, venite, vengano
VINCERE           (1) - ho vinto
ind pas rem:      vinsi, vincesti, vinse, vincemmo, vinceste, vinsero
VIVERE            (1) - ho vissuto - sono vissuta/o
ind pas rem:      vissi, vivesti, visse, vivemmo, viveste, vissero
VOLERE            (1) - ho voluto (ma: sono voluta/o + INFINITO di verbo con ausiliare "essere")
ind pr:           voglio, vuoi, vuole, vogliamo, volete, vogliono
ind pas rem:      volli, volesti, volle, volemmo, voleste, vollero
ind fut:          vorrò, vorrai, vorrà, vorremo, vorrete, vorranno
cong pr:          voglia, voglia, voglia, vogliamo, vogliate, vogliano
condiz pr:        vorrei, vorresti, vorrebbe, vorremmo, vorreste, vorrebbero
VOLGERE           (3) - ho volto
ind pas rem:      volsi, volgesti, volse, volgemmo, volgeste, volsero

# I VERBI IN -ISCO

```
FINIRE            (1)  - ho finito          (DI + infinito)
ind pr:       finisco, finisci, finisce, finiamo, finite, finiscono
ind imp:      finivo, finivi, finiva, finivamo, finivate, finivano
ind pas rem:  finii, finisti, finì, finimmo, finiste, finirono
ind fut:      finirò, finirai, finirà, finiremo, finirete, finiranno
cong pr:      finisca, finisca, finisca, finiamo, finiate, finiscano
cong imp:     finissi, finissi, finisse, finissimo, finiste, finissero
condiz pr:    finirei, finiresti, finirebbe, finiremmo, finireste, finirebbero
imperat:      finisci, finisca, finiamo, finite, finiscano
gerundio:     finendo
```

| | | | | | |
|---|---|---|---|---|---|
| abolire | condire | fiorire | intuire | ringiovanire | spedire |
| aderire | conferire | fornire | istituire | ripartire | stabilire |
| affluire | contribuire | garantire | istruire | ripulire | stupire |
| aggredire | costruire | gestire | marcire | ristabilire | subire |
| agire | custodire | guarire | partire | riunire | suggerire |
| ammonire | definire | impadronirsi | partorire | ruggire | svanire |
| appesantire | demolire | impallidire | preferire | sbalordire | tradire |
| approfondire | digerire | impartire | proibire | sbiadire | trasferire |
| arricchire | dimagrire | impaurire | pulire | sbigottire | trasgredire |
| arrossire | diminuire | impazzire | punire | scalfire | trasparire |
| attribuire | esaudire | impedire | rabbrividire | scolpire | ubbidire |
| avvilire | esaurire | indebolire | rapire | seppellire | unire |
| capire | esibire | influire | reagire | sgranchire | usufruire |
| chiarire | fallire | ingelosire | restituire | smarrire | zittire |
| colpire | favorire | ingrandire | riferire | sostituire | |
| compatire | ferire | inserire | rifinire | sparire | |
| concepire | finire | insospettirsi | rifiorire | spartire | |

# INDICE

## GRAMMATICA ITALIANA

| | |
|---|---|
| IL SOSTANTIVO | 3 |
| L'AGGETTIVO | 4 |
| L'ARTICOLO DETERMINATIVO | 5 |
| L'ARTICOLO INDETERMINATIVO | 5 |
| IL PRESENTE DI ESSERE E AVERE | 6 |
| I NUMERI | 6 |
| IL PRESENTE INDICATIVO | 7 |
| IL PRESENTE IRREGOLARE | 8 |
| LE PREPOSIZIONI ARTICOLATE | 9 |
| LA FORMA IMPERSONALE | 9 |
| IL GERUNDIO | 9 |
| I POSSESSIVI | 10 |
| LE ALTERAZIONI | 11 |
| IL PASSATO PROSSIMO | 12 |
| IL PASSATO PROSSIMO IRREGOLARE | 13 |
| DETERMINAZIONE DEL TEMPO | 13 |
| "QUELLO" E "BELLO" | 14 |
| IL COMPARATIVO | 14 |
| COMPARATIVI E SUPERLATIVI PARTICOLARI | 14 |
| L'IMPERFETTO | 15 |
| LE PARTICELLE INTERROGATIVE | 16 |
| LA CAUSA | 17 |
| ALTRI SUPERLATIVI | 17 |
| I PRONOMI DIRETTI | 18 |
| I PRONOMI INDIRETTI | 19 |
| LA PARTICELLA "CI" | 20 |
| LA PARTICELLA "NE" | 20 |
| CI E NE CON L'INFINITO | 20 |
| PARTICELLE PRONOMINALI E GERUNDIO | 20 |
| "CE L'HO" | 21 |
| IL DISCORSO INDIRETTO | 21 |
| I NUMERI ORDINALI | 21 |
| IL FUTURO | 22 |
| SOSTANTIVI CON TERMINAZIONE IRREGOLARE | 23 |
| SOSTANTIVI CON PLURALE IRREGOLARE | 23 |
| L'ARTICOLO "LO" - "GLI" | 24 |
| IL VERBO "AVERCI" | 24 |
| PRESENTE INDICATIVO IRREGOLARE | 25 |
| PASSATO PROSSIMO CON PARTICIPIO IRREGOLARE | 25 |
| IL RIFLESSIVO IMPERSONALE | 26 |
| IL PASSATO REMOTO | 26 |
| USO DELL'IMPERFETTO | 27 |
| IL TRAPASSATO PROSSIMO | 27 |
| IL FUTURO ANTERIORE | 28 |
| PRONOMI DIRETTI E INDIRETTI | 29 |
| IL PRONOME COMBINATO "GLIELO/A/I/E" | 29 |
| ALTRI PRONOMI COMBINATI | 30 |
| L'IMPERATIVO | 31 |
| VERBI CON DOPPIO AUSILIARE | 32 |
| IMPERATIVO IRREGOLARE | 33 |
| GLI AUSILIARI | 33 |
| I VERBI RIFLESSIVI | 34 |
| IL CONDIZIONALE SEMPLICE | 35 |
| IL CONDIZIONALE COMPOSTO | 36 |
| USO DEL VERBO "STARE" | 36 |
| IL DUBBIO | 37 |
| IL DISCORSO INDIRETTO | 38 |
| FORME E CONCORDANZE DEL CONGIUNTIVO | 39 |
| USO DEL CONGIUNTIVO | 40 |
| PRESENTE CONGIUNTIVO IRREGOLARE | 41 |
| IMPERFETTO CONGIUNTIVO IRREGOLARE | 41 |
| ALTRI USI DEL CONGIUNTIVO | 42 |
| LE FRASI IPOTETICHE | 43 |
| ALTRI TIPI DI FRASI IPOTETICHE | 43 |
| LA MEZZA IPOTETICA | 43 |
| USO DEL CONGIUNTIVO ASSOLUTO | 44 |
| IL COMANDO E LA RICHIESTA | 44 |
| POSIZIONE DEI POSSESSIVI | 45 |
| I PRONOMI RELATIVI | 46 |
| DISLOCAZIONI PRONOMINALI | 47 |
| I VERBI PRONOMINALI | 48 |
| USO DEL GERUNDIO | 49 |
| IL PASSATO REMOTO IRREGOLARE | 50 |
| IL TRAPASSATO REMOTO | 50 |
| ALTRI TIPI DI CAUSALI | 51 |
| CORRELAZIONI TRA FRASI | 52 |

## APPENDICE 53

| | |
|---|---|
| I VERBI REGOLARI | 53 |
| I VERBI IRREGOLARI | 53 |
| I VERBI IN -ISCO | 62 |

# INDICE DEGLI ARGOMENTI

| | | | |
|---|---|---|---|
| AGGETTIVO | 4 | IMPERFETTO (USO) | 27 |
| ALTERAZIONI | 11 | NE (LA PARTICELLA) | 20 |
| ARTICOLO DETERMINATIVO | 5 | NUMERI | 6 |
| ARTICOLO INDETERMINATIVO | 5 | NUMERI ORDINALI | 21 |
| ARTICOLO "LO" - "GLI" | 24 | PARTICELLE INTERROGATIVE | 16 |
| AUSILIARI | 33 | PARTICELLE PRONOMINALI E GERUNDIO | 20 |
| AVERCI | 24 | PASSATO PROSSIMO | 12 |
| AVERE | 6 | PASSATO PROSSIMO IRREGOLARE | 13 |
| BELLO | 14 | PASSATO PROSSIMO CON PARTICIPIO | |
| CAUSA | 17 | IRREGOLARE | 25 |
| CAUSALI (ALTRI TIPI) | 51 | PASSATO REMOTO | 26 |
| CE L'HO | 21 | PASSATO REMOTO IRREGOLARE | 50 |
| CI (LA PARTICELLA) | 20 | POSSESSIVI | 10 |
| CI E NE CON L'INFINITO | 20 | POSSESSIVI (POSIZIONE) | 45 |
| COMANDO E RICHIESTA | 44 | PREPOSIZIONI ARTICOLATE | 9 |
| COMPARATIVO | 14 | PRESENTE INDICATIVO | 7 |
| COMPARATIVI E SUPERLATIVI PARTICOLARI | 14 | PRESENTE INDICATIVO IRREGOLARE | 8 |
| CONDIZIONALE COMPOSTO | 36 | PRESENTE INDICATIVO IRREGOLARE | 25 |
| CONDIZIONALE SEMPLICE | 35 | PRONOME COMBINATO "GLIELO/A/I/E" | 29 |
| CONGIUNTIVO (FORME E CONCORDANZE) | 39 | PRONOMI COMBINATI (ALTRI) | 30 |
| CONGIUNTIVO (USO) | 40 | PRONOMI DIRETTI | 18 |
| CONGIUNTIVO (PRESENTE IRREGOLARE) | 41 | PRONOMI DIRETTI E INDIRETTI | 29 |
| CONGIUNTIVO (IMPERFETTO IRREGOLARE) | 41 | PRONOMI INDIRETTI | 19 |
| CONGIUNTIVO (ALTRI USI) | 42 | PRONOMI RELATIVI | 46 |
| CONGIUNTIVO ASSOLUTO (USO) | 44 | QUELLO | 14 |
| CORRELAZIONI TRA FRASI | 52 | RIFLESSIVO IMPERSONALE | 26 |
| DISCORSO INDIRETTO | 21 | SOSTANTIVI CON PLURALE IRREGOLARE | 23 |
| DISCORSO INDIRETTO | 38 | SOSTANTIVI CON TERMINAZIONE | |
| DISLOCAZIONI PRONOMINALI | 47 | IRREGOLARE | 23 |
| DUBBIO | 37 | SOSTANTIVO | 3 |
| ESSERE | 6 | "STARE" (USO DEL VERBO) | 36 |
| FORMA IMPERSONALE | 9 | SUPERLATIVI (ALTRI) | 17 |
| FRASI IPOTETICHE | 43 | TEMPO (DETERMINAZIONI DEL) | 13 |
| FRASI IPOTETICHE (ALTRI TIPI) | 43 | TRAPASSATO PROSSIMO | 27 |
| FRASI IPOTETICHE (MEZZA IP.) | 43 | TRAPASSATO REMOTO | 50 |
| FUTURO | 22 | VERBI CON DOPPIO AUSILIARE | 32 |
| FUTURO ANTERIORE | 28 | VERBI IN -ISCO | 62 |
| GERUNDIO | 9 | VERBI IRREGOLARI | 53 |
| GERUNDIO (USO) | 49 | VERBI PRONOMINALI | 48 |
| IMPERATIVO | 31 | VERBI REGOLARI | 53 |
| IMPERATIVO IRREGOLARE | 33 | VERBI RIFLESSIVI | 34 |
| IMPERFETTO | 15 | | |